上海师范大学智库培育项目（2023）

休闲研究专著系列

中国城市休闲化发展
研究报告（2023）

THE ANNUAL REPORT ON CHINA'S URBAN
RECREATIONALIZATION DEVELOPMENT（2023）

李丽梅 楼嘉军 马红涛 李明丽 等 著

上海交通大学出版社
SHANGHAI JIAO TONG UNIVERSITY PRESS

内容提要

本书是由上海师范大学休闲与旅游研究中心和华东师范大学经济管理学院文化和旅游系联合完成,是公开发布的有关我国城市休闲化指数评价的第 13 份报告,也是目前我国有关休闲城市建设测度方面延续时间最长、最权威的研究报告。本书由以下三部分组成。由以下三部分组成。第一部分是总报告,包括绪论、指标体系与研究评价方法,以及城市休闲化评价结果。第二部分是 36 个城市休闲化指标分析,包括城市类型划分标准和依据、36 个城市的休闲化指标评价与分析等内容。第三部分是专题研究,由"乡村振兴背景下城市郊区乡村旅游发展障碍与路径优化研究""上海市城市夜间文旅消费空间的发展机理与实践治理模式""基于 LACSB 框架的旅游休闲街区比较与启示研究"三篇组成,对相应专题做了微观研究。对于我国城市休闲化进程中的文旅融合发展以及休闲美好生活建设等提供了一定的理论指导与实践借鉴。

本书可以用作高等院校旅游、休闲、会展、文化以及社会学等专业师生的参考教材,也适合作为旅游管理、文化产业管理和城市公共服务管理部门的参考用书。

图书在版编目(CIP)数据

中国城市休闲化发展研究报告. 2023 / 李丽梅等著.

上海 : 上海交通大学出版社,2024.9 -- ISBN 978 - 7 - 313 -
31524 - 3

Ⅰ. C912.81

中国国家版本馆 CIP 数据核字第 2024U2X373 号

中国城市休闲化发展研究报告(2023)

ZHONGGUO CHENGSHI XIUXIANHUA FAZHAN YANJIU BAOGAO (2023)

著　　者:李丽梅　楼嘉军　马红涛　李明丽 等
出版发行:上海交通大学出版社　　　　　　地　　址:上海市番禺路 951 号
邮政编码:200030　　　　　　　　　　　　电　　话:021 - 64071208
印　　制:苏州市古得堡数码印刷有限公司　经　　销:全国新华书店
开　　本:710 mm×1000 mm　1/16　　　　印　　张:15
字　　数:183 千字
版　　次:2024 年 9 月第 1 版　　　　　　　印　　次:2024 年 9 月第 1 次印刷
书　　号:ISBN 978 - 7 - 313 - 31524 - 3
定　　价:78.00 元

丛书编委会

学术顾问

吴必虎（北京大学）

张　捷（南京大学）

王琪延（中国人民大学）

冯学钢（华东师范大学）

林焕杰（中国主题公园研究院）

主编

楼嘉军

编委

郭英之（复旦大学）

吴承照（同济大学）

刘慧梅（浙江大学）

梁增贤（中山大学）

杨　勇（华东师范大学）

李　萌（中国社会科学院上海市人民政府上海研究院）

朱立新（上海师范大学）

序　言

　　一般认为,有关休闲理论的阐述或研究在古希腊时代就已经出现,至今已逾数千年。然而,作为一门相对独立的学科,休闲学科的发展历史并不很长,至今也就百余年的时间。由于休闲现象的复杂性,致使百余年来研究休闲的理论和方法总是处于不断的探索与完善之中,但从其演变的基本轨迹可以看出,休闲学科的发展勾勒了如下的发展和演变轨迹：由依附到独立,由单一学科到多学科,乃至由多学科到跨学科的发展过程。

　　休闲学科作为一个以跨学科为基础和特色的学科体系,一方面,在它发展的过程中,不间断地对相关的学科进行整合,并聚集于休闲学科的周围;另一方面,在休闲学科的发展过程中,在休闲学科与其他相关学科之间形成了围绕休闲学科的多个分支学科,诸如休闲社会学、休闲心理学、休闲经济学、休闲体育学、休闲教育学和游憩地理学等。从我国发展实际看,进入新世纪以来,由于休闲活动的常态性和广泛性,导致以休闲为研究对象的休闲学科除了以其他学科为依托之外,还与社会经济领域的相关产业,如与交通、商业、餐饮、娱乐、旅游、会展和节庆等行业也都发生紧密联系,进而成为推动休闲学科发展的外部产业支撑因素。此外,还需指出的是,随着5G技术的广泛应用,以及网络虚拟休闲空间的不断拓展和虚拟活动形式的不断丰富,近年来有关网络休闲行为、休闲方式和休闲影响的研究也正在逐步兴起。现实休闲与虚拟休闲的长期并存,将成为一种常态,且必将成为休闲学科需要直面的一个新的时代挑战与研究课题。

根据国际经验,一个国家或地区在人均GDP处于3 000~5 000美元发展水平之间,就将步入这样一个时期,即在居民生活方式、城市功能、产业结构和生态环境等方面相继形成休闲化特点的一个发展时期,或谓之休闲时代。正是基于这样的大背景,自2008年我国步入人均GDP 3 000美元发展阶段以来,社会经济持续健康发展,人们生活水平不断提高,极大地促进了居民休闲活动的蓬勃发展,有力地推动了休闲服务产业的兴旺发达,直接驱动了休闲学科理论研究的不断深入。与此相适应,国内不少研究机构、高等院校和出版社适时推出了多种形式的休闲研究丛书。这些丛书的出版已经产生广泛的学术影响,并将在推动我国休闲学科研究理论深化和休闲实践发展方面持续发挥比较重要的作用。

"他山之石,可以攻玉。"于是,在上海交通大学出版社的协助下,由华东师范大学和上海师范大学相关老师联合组成的研究团队结合自身特点,经过与出版社的沟通,拟定了"休闲研究系列"的出版计划。整个"休闲研究系列"包括休闲学教材系列、休闲研究著作系列与休闲研究报告(年度)系列等三部分内容。根据研究计划与出版计划,研究系列的相关内容自2012年起陆续编辑出版。至今,整个休闲研究系列已经出版著作30余部。

从2019年起,我国已跨入人均GDP 10 000美元的新阶段,标志着我国休闲社会的发展将由前期的速度型向质量型转变。与此同时,我们已经全面进入后小康时代的发展时期,居民对美好生活需要的追求已经成为大众休闲的核心内容。尤其是由国家发展改革委、文化和旅游部联合印发《国民旅游休闲发展纲要(2022—2030年)》,将进一步优化我国城市休闲化发展环境,完善城市休闲化服务体系,促进休闲及休闲相关产业的发展与融合,从而推动城市休闲化质量的内涵式提升。

对我们而言,休闲学科面临着新的发展机遇与新的现实挑战,需要不断推动休闲学科的完善与发展。希望"休闲研究系列"的出版能够为我国休闲时代建设与休闲学科体系的完善尽微薄之力。

楼嘉军

前　言

　　《中国城市休闲化发展研究报告(2023)》由上海师范大学休闲与旅游研究中心和华东师范大学经济管理学院文化和旅游系联合完成,是"中国城市休闲化指数课题组"自 2011 年公开发布我国城市休闲化指数评价报告以来的第 13 份报告,也是目前我国有关休闲城市建设测度方面延续时间最长、内容权威的研究报告。

　　《中国城市休闲化发展研究报告(2023)》立足于我国社会经济发展与城市建设的现状,从经济与产业发展、休闲服务与接待、休闲生活与消费、休闲空间与环境、交通设施与安全等五个方面的 43 个指标,对列入监测的 22 个省会城市、5 个自治区首府城市、4 个直辖市和 5 个计划单列市,共计 36 个城市休闲化发展的现状进行测度与分析。纳入监测的 36 座城市,合计人口为 37 295.52 万人,约占全国总人口的 26.40%;合计面积为 536 029 平方公里,约占全国总面积的 5.59%;合计国内生产总值为 444 761.78 亿元,约占国内生产总值(GDP)的 38.88%。显然,通过研究

1

36座城市的休闲化指数,对于全国范围内城市休闲化发展具有重要的引领作用与示范效应,希望借此为我国十四五期间社会主要矛盾纾解、居民生活高品质打造、美好生活需要不断满足,以及文化特色鲜明的国家级旅游休闲城市和旅游休闲街区建设,提供理论参考与实践借鉴。本报告得出以下几个结论。

第一,从整体态势看,一线大城市成为城市休闲化实践引领者。首先,以北京、上海为代表的头部城市在城市休闲功能优化方面已经步入一个新的发展时期。紧随其后的深圳、广州、成都和重庆,在城市休闲环境、消费等领域不断升级,表现出强劲的发展势头。其次,位居前十的城市均属于我国的超大或特大型城市,说明大城市在促进城市休闲化发展速度、提升城市休闲化质量方面有着鲜明优势,成为我国城市休闲化发展过程中的一种常态现象。最后,城市间发展差距显著缩小,2011 年,排名第一的城市与位列末位的城市之间,休闲化指数相比为 7.64 倍,如今两者之间已经缩减至 5.2 倍,说明城市休闲化水平整体在提升。

第二,从维度特色看,休闲消费成为城市休闲化发展活跃增长极。从五大维度指标水平看,首尾城市之间的平均差距为 9.13 倍,但是休闲生活与消费类指标首尾城市之间差距最小,仅有 1.98 倍。这充分说明,各城市居民对美好生活的追求愿景比较一致。近年来,各城市积极深化商文体旅发展,使休闲消费成为广大人民群众的美好生活的重要组成部分,极大地激活了消费市场活力,成为促进城市休闲化发展的增长极。

第三,从区域格局看,西部地区成为城市休闲化优化发展的助推器。从东中西部区域城市休闲化发展格局看,"东部领先,中部崛起,西部赶超"的发展态势趋于稳定。以重庆和成都为代表的西部地区,在一带一路发展战略和一系列政策红利的助推下,近年来城市休闲化发展水平显著提升,发展势头整体强于中部地区。

第四，从空间特征看，城市群成为区域休闲化协调发展的支撑力。近年来，以城市群、都市圈为依托构建大中小城市协调发展格局，已成为重点发展方向。本报告的研究发现，长三角、粤港澳大湾区、京津冀、成渝、长江中游等五大城市群内部的休闲化协调进程明显，其中长三角城市群优势明显，而粤港澳大湾区和成渝城市群休闲水平发展势头迅猛。以城市群建设为重心促进区域内部的休闲化水平协调均衡发展，是引领中国城市高质量发展与高品质休闲生活协调发展的重要方向，也是必然趋势。

第五，从产品供给看，文旅产品创新成为城市休闲化内涵式发展的着力点。本研究报告显示，上海首次超过北京位居城市休闲化水平榜首，这与上海近年来不断深入探索文旅产品创新工作息息相关。一是加强旅游品牌建设。上海聚焦红色文化、海派文化、江南文化特质等，加强与旅游的融合互动，持续推进上海旅游品牌建设。二是完善业态结构。上海积极探索文旅新业态，逐步形成了海派城市考古游、演艺新空间、郊野公园等新型业态，有效推动了城市休闲化进程。三是创新文旅消费场景。作为首批"国家文化和旅游消费示范城市"，上海围绕"文旅＋商业"深入探索，创意打造文娱展演、体育赛事、旅游购物等消费场景，成为城市休闲化内涵式发展的新支点。四是推进家门口好去处建设。2020年至今，上海"家门口好去处"评定工作已推进四批，一系列口袋公园、滨水空间、博物馆、书店等微休闲空间不断涌现在居民日常生活中，成为城市休闲化深度化发展的新抓手。

《中国城市休闲化发展报告(2023)》由以下三部分组成。第一部分是总报告，包括绪论、指标体系和研究对象与评价方法，以及城市休闲化报告等内容。第二部分是36个城市休闲化指标分析，包括城市类型的划分及其标准和依据、36个城市休闲化指数评价与分析等内容。第三部分是，专题研究。

本报告撰写分工如下。第一部分,由楼嘉军、李丽梅负责完成。第二部分,由李丽梅、楼嘉军、马红涛和李明丽等负责完成。第三部分,由张晨,王慧彤、朱文娟、吕晓亮等完成。此外,参加本报告沙龙讨论与材料收集的还有毛润泽、施蓓琦、马剑瑜、关旭、陈享尔、向微、李淼、沈莉、刘源、张楠楠等。

本报告是由上海师范大学与华东师范大学相关教师以及研究生组成的课题组共同完成。2023年度报告得以顺利完成,与课题组全体成员近一年来的辛勤工作,以及以上各位老师和研究生同学的尽力配合密不可分。作为课题负责人,在此我谨向他们表示诚挚的敬意与真诚的感谢。

本报告是2023年度上海师范大学智库培育项目,感谢上海师范大学康年副校长对该项目给予的无微不至的关怀;感谢宋波院长对该项目的支持与帮助。在此深表谢意。同时,还要感谢上海交通大学出版社的倪华老师和张勇老师对本报告的出版与审校工作付出的心血。由于本报告有关城市休闲化发展评价工作涉及的研究数据采集量比较大,来源又多元化,加上我们认识的局限性,在理论阐述、数据处理、材料分析等方面难免会存在不足,敬请学者与读者批评指正。

楼嘉军

2024 年 7 月

目　录

第一部分　总报告

第一章　概论 ……………………………………………………… 3

第二章　指标体系与评价方法 …………………………………… 12

　　　第一节　指标体系 …………………………………………… 12

　　　第二节　研究对象与评价方法 …………………………… 16

第三章　城市休闲化评价结果 …………………………………… 21

　　　第一节　综合评价 …………………………………………… 21

　　　第二节　分类评价 …………………………………………… 25

　　　第三节　发展趋势 …………………………………………… 31

第二部分　36 个城市休闲化指标分析

第四章　36 个城市的休闲化指标分析 ·············· 45

　　第一节　城市类型的划分及其标准和依据 ·············· 45

　　第二节　超大城市休闲化指标分析 ·············· 47

　　第三节　特大城市休闲化指标分析 ·············· 61

　　第四节　Ⅰ型大城市休闲化指标分析 ·············· 78

　　第五节　Ⅱ型大城市休闲化指标分析 ·············· 106

　　第六节　小城市休闲化指标分析 ·············· 138

第三部分　专题研究

第五章　乡村振兴背景下城市郊区乡村旅游发展障碍与路径优化研究

　　——以上海为例 ·············· 147

　　第一节　绪论 ·············· 147

　　第二节　研究设计 ·············· 152

　　第三节　研究结果分析 ·············· 154

　　第四节　城市郊区乡村旅游高质量发展路径 ·············· 157

第六章　上海市城市夜间文旅消费空间的发展机理与实践治理

模式 ·············· 162

　　第一节　绪论 ·············· 162

第二节　研究方法与研究案例 ………………………………… 168

第三节　研究结果分析 ………………………………………… 170

第四节　结论与建议 …………………………………………… 186

第七章　基于 LACSB 框架的旅游休闲街区比较与启示

　　　　——以上海武康路和多伦路为例 ………………… 198

第一节　引言 …………………………………………………… 198

第二节　案例概况 ……………………………………………… 199

第三节　基于 LACSB 框架的旅游休闲街区比较分析 ……… 206

第四节　结论与启示 …………………………………………… 218

第一部分

总报告

第一章 概 论

《中国城市休闲化指数报告(2023)》由上海师范大学休闲与旅游研究中心和华东师范大学经济管理学院文化和旅游系联合完成,是公开发布的有关我国城市休闲化指数评价的第 13 份报告,也是目前我国有关休闲城市建设测度方面延续时间最长、最权威的研究报告。

2023 年的报告纳入监测的 36 座城市,合计人口为 37 295.52 万人,约占全国总人口的 26.40%;合计面积为 536 029 平方千米,约占全国总面积的 5.59%;合计国内生产总值为 444 761.78 亿元,约占国内生产总值(GDP)的 38.88%。显然,通过研究 36 座城市休闲化指数,对于全国范围内城市休闲化的发展具有重要的引领作用与示范效应。希望借此为新型城镇化时代中国城市更新发展、居民生活品质提升提供理论参考与实践借鉴。

为保证评价报告研究的延续性与可比性,2023 中国城市休闲化指数排行榜继续沿用 5 个一级指标、合计 43 个指标的评价体系,收集了最新一年 36 个城市的 1 548 个统计数据,并采用了原有的算法框架。希冀通过与以往结果的对比分析,能更清楚地洞察 2023 年中国城市休闲化发展的特征以及未来发展趋势。

一、中国城市休闲化发展的总体特征

(一)中心城市成为带动城市休闲化均衡发展的重要支撑

党的二十大报告指出,要以城市群、都市圈为依托构建大中小城市协调发展,这为今后一个时期城市群发展指明了方向、提供了遵循,更为城市休闲化的高质量、协调化发展提供了指南。从 13 年的数据结果看,北京、上海、广州、深圳、重庆、成都、杭州、南京、武汉、西安等逐渐成为中国城市休闲化发展的领军者,这些城市显然都是区域性中心城市,有利于带动区域休闲化水平协同均衡发展。

京津冀城市群的三大核心城市是北京、天津和石家庄,2011 年这三座城市休闲化水平排序分别是第1、8 和23,2023 年则分别是第2、13 和29。从自然和人文条件看,京津冀城市群内部的城市特色各异,有山城,如张家口、承德等;有港城,如秦皇岛、天津等;平原城市,如保定、石家庄等;有丘陵平原城市,如唐山、北京等,这对推进各具特色的城市休闲化建设来说,无疑具有良好的自然和人文基础。但是,京津冀城市群内部城市发展不平衡态势明显,无疑需要增强中心城市对周边城市的辐射带动能力,使得该城市群内部的城市休闲化协同均衡态势不够提升。因此,未来京津冀城市群仍需要加强交通网络体系建设、多中心布局建设等措施来推动城市休闲化的协调均衡发展。长三角城市群以上海为核心城市,南京、苏州、无锡、杭州、宁波、合肥等在区域内地位突出,形成了层次分明的城市体系,这无疑为城市休闲化的均衡发展提供了先天条件。纳入本报告的上海、南京、杭州、宁波、合肥的城市休闲化排名从 2011 年的 2、7、6、13、26 转变为 2023 年的 1、8、7、14、23,变化最为明显的是合肥,充分说明,在长三角一体化发展战略背景下,各城市之间的经济、交通等紧密度加强,推动了城市休闲化的协调发展。目前,该城市群内部已形成上海、南京、杭州、合肥四大都市圈,并且上海大都市圈空间规划已在积极部署中,这都对长三角区域城市休闲化的协同化发展起着重要作用。粤港澳大湾区城市群包括香港、澳门两个特别行政区,和广东省广州、深圳、珠海、佛山、惠州、东莞、中山、江门、肇庆 9 市,纳入本报告的城市是广州和深圳,其城市休闲化排名在 2011 年和 2023 年分别都是第 4 和第 3,位居 36 个城市休闲化水平排行榜的前列。这两个城市同为副省级城市,经济及人口规模相近,在不同的城市功能定位下,借助各自城市优势,促进了城市休闲产业和休闲消费的发展。未来,随着粤港澳大湾区建设的持续向纵深推进,以广州和深圳为首的城市休闲化进程必将会带动该区域城市休闲化的均衡性发展。除了东部沿海的三大城市群,中部地区的长江中游城市群和中原城市群,以及西部地区的成渝城市群、以西安为中心的关中城市群,都正在蓬勃发展,未来也必将在各自区域中心城市的引领下,更加积极地推进落实城市休闲化的协调化、高质量发展。

(二)休闲消费成为体现城市休闲化结构变化的显性特征

从 13 年的数据对比可以看出,首尾城市的休闲化综合指数差距已从 2011 年的 7.64 倍缩减至 2023 年 5.2 倍,可见城市休闲化综合水平在逐年整体提升。在这个过程中,五大维度中的休闲消费水平在 36 个城市中呈现逐步缩小的态势,休闲消费成为城市休闲化结构变化的显性特征。

从现实看,文化旅游、养老育幼、医疗教育、体育休闲等服务消费已成为居民消费的新热点和增长点,休闲消费作为服务消费的重要组成部分,正在成为满足人民美好生活需求的重要标志。从 2023 年城市休闲化五大维度水平看,休闲消费水平位居前六的城市分别是杭州、上海、广州、南京、长沙和宁波,除长沙外,其余皆为长三角区域城市。近年来,这些城市通过对老一代商圈的提质升级,对新一代综合体的积极打造,不断培育新场景新体验,使得休闲消费业态呈现丰富多元的态势。譬如杭州,在打造国际重要的旅游休闲中心战略导向下,围绕展会、购物、美食、赛事、潮玩、演艺等主题,积极开展休闲消费活动,释放休闲消费潜力。数据显示,2023 年杭州人均年消费支出达到 54 109 元,仅次于上海 54 919 元,展现出强大的消费活力。值得注意的是,杭州的休闲消费业态的典型表现是数字休闲,这得益于杭州成熟的直播电商产业和人才储备,2022 年的浙江省商务厅的监测数据显示,杭州综合类和垂直类头部直播平台有 32 家,主播近 5 万,直播相关企业注册量超 5 000 家,数量位居全国第一。网络直播的规模直接影响了夜间数字休闲经济发展,2023 年杭州网络零售额首次突破万亿大关,达 10 496 亿元,占到了当年浙江省网络零售额的38.8%,全国网络零售额的 1/13。与此同时,杭州抓住夜间经济发展契机,相继出台相关政策措施,把促进夜间经济发展作为拉动内需的重要手段。目前杭州已推出包括夜演、夜宴、夜宿、夜游、夜购、夜娱、夜读等在内的夜间休闲消费产品和活动,并给予产品与活动投资资金支持。再比如宁波,紧抓体育经济和夜间经济,持续推动与休闲消费相关的消费升级。在体育休闲消费方面,一方面积极休闲、购物、娱乐、赛事、教育于一体的体育文化消费综合体,开展体育旅游、时尚团建、青少年研学、素质培训、体育赛事、海上婚礼六大特色休闲服务;另一方面积极引入中国皮划艇、赛艇协会总部和国家训练基地、中国青少年帆船示范基地、中国内湖帆船产业实验基地、萨马兰奇全球航海基金会等高端体育组织,促进运动休闲消费。数据显示,2023 年,宁波市全体居民人均消费支出为 45 503 元,位居全国第九,其中人均体育消费 3 030.87 元,显示出蓬勃的发展态势。在夜间休闲消费方面,宁波围绕夜市、夜游、夜购等主题,推出古风市集游园、十里红妆、宋潮风物等百场夜主题促消费活动,营造多样化的购物体验,释放城市休闲消费潜能。目前,宁波已形成十大人气夜间消费集聚区,成为带动居民休闲消费的重要场所。从杭州、宁波的案例可以看出,推动夜间休闲消费已成为各大城市促进消费、提振经济的重要抓手。南京也不例外,2023 年,南京在促进休闲消费方面的举措主要包括:一是相继举办各种主题活动,如中国(南京)首店经济发展大会、中国南京美食节、南京老字号嘉年华等节事活动,南京马拉松、环南京都市圈自行车赛等精品体育赛事活动;南京农业嘉年华、"苏韵乡情"乡村休闲旅游等农业休闲活动;二是积极打造文旅融合十大精品线路和十大文商旅新场景;三是推动夜间文旅消费集聚区提档升级,持续开展"夜之金陵"特色活动;四是出台演出消费补贴政策,为戏剧节、音乐节、演唱会、特色展陈等文化消费品提供支持。

2023年底召开的中央经济工作会议强调要着力扩大国内需求,激发有潜能的消费,并提出"推动消费从疫后恢复转向持续扩大,培育壮大新型消费,大力发展数字消费、绿色消费、健康消费,积极培育智能家居、文娱旅游、体育赛事、国货'潮品'等新的消费增长点。"从中可以看出,文娱、体育、健康、文化等与休闲相关的消费成为促进消费增长的重要着力点,未来随着中国扩大内需战略的深入实施,休闲消费的新场景、新内容必将加速涌现,从而成为中国城市休闲化结构优化的重要支点。

(三)休闲街区成为驱动城市休闲化优化发展的重要载体

城市是经济社会发展和人民群众生产生活的重要空间载体,是人类文明进步的见证。截至2023年底,中国城市化率已达到66.16%,这必然要求城市管理趋向精细化,以不断满足和回应人民群众日益增长的美好生活需要。城市精细化管理要求城市不断提升生活品质,而生活品质的表现之一则是城市休闲化中的休闲场景,比如家门口的口袋公园、市集,社区的文化中心、体育场所,街区的文旅产品等等。近年来,文化和旅游部积极推进国家级旅游休闲街区的建设与评定工作,与城市精细化管理形成良好互动。截至2023年底,国家级旅游休闲街区的评定工作已开展三批,这为城市休闲场景的营造提供了新动力。在三批国家级旅游休闲街区中,数量超过4个的城市分别是重庆(8个)、北京(5个)、上海(5个)、天津(4个)、成都(4个),这5个城市的休闲化水平也是位居前列的,足以说明,旅游休闲街区的建设一定程度上助推了城市休闲化进程,成为驱动城市休闲化发展的重要载体。

国家级旅游休闲街区在占地面积、年接待访客量、文化或创意文化的业态比例、环境特色、服务设施、综合服务等方面均提出了高标准与严要求。从入选的国家级旅游休闲街区特征看,均呈现出地域文化特色鲜明、消费业态多样、网红流量加持等特征。如重庆长嘉汇弹子石老街,从文化底蕴上讲,该街区的明清古建筑群和人文景点为街区发展注入了文化内涵;从消费业态上讲,该街区在文化内涵基础上引入了诸多新消费元素,形成了书香街区、文创精品街区、山城好物街区、特色美食街区、文化娱乐体验街区、时尚购物街区等业态,满足了不同群体的文旅消费需求。再比如上海武康路—安福路街区,从文化底蕴上讲,该街区拥有 61 处历史文物建筑,集中体现了上海近现代居住和公共活动场所的风貌特征,这是该街区的核心特色;从消费业态上讲,该街区融汇了各类时尚潮流元素,内容涵盖文化、商业、旅游等,这使得该街区的文商旅价值大幅提升,成为年轻人追捧的网红打卡地。

旅游休闲街区承载了城市记忆,延续了城市文脉。在实施城市更新行动中,旅游休闲街区的经济价值、文化价值、生态价值被进一步放大,这是提升城市休闲化水平的重要抓手,也是城市形象和软实力的重要标志。当然,纵观国外城市街区更新案例,可以发现,社区居民的参与也是助力街区可持续发展的重要力量。比如,美国科罗拉多州的一个创意街区,在规划设计时,会要求居民参与进来,倾听他们的意见,这为居民创造了归属感和主人翁感,从而通过与政府、第三方组织的合作等手段创造出他们希望在自己的街区和城市中看到的东西。可见,第一,让居民参与旅游休闲街区建设,更能够保护居民的利益,真正做到主客共享;第二,借鉴国外街区发展中相关组织介入的经验,我国旅游休闲街区建设需要进一步通过强化党建文化引导,来调动居民的积极性,激活街区自治力量,集结街区发展智慧,为街区的可持续发展、包容性发展献计献策。城市休闲化的发展最终是要能够服务于人,那么在其发展过程中能够去倾听民意,了解民众需求,能够更高质量地推进城市休闲化进程。因此,未来城市发展更需要遵循人民城市理念,推进社区、街区、家门口等休闲空间建设,使其成为城市休闲化发展的重要载体,这不仅使得人们的休闲生活更加便利多元,更使得城市生活更有品质与活力。

二、中国城市休闲化发展的未来方向

(一)城市休闲化赋能城市更新,促进城市高质量发展

2021年政府工作报告和"十四五"规划文本《中华人民共和国国民经济和社会发展第十四个五年规划和2035年远景目标纲要》中,将城市更新上升为国家战略。城市休闲化进程增强了城市的休闲功能,呼应了以人为本的城市发展理念,是促进城市提质发展的一个重要标志,是体现城市居民幸福感和获得感的一个重要指标,这显然为城市更新提供了新的增长点。因此,结合城市更新战略,城市休闲化的高质量发展进程,应该着眼于以下几个方面。

(1)提升城市休闲功能。面向高质量发展需求的城市更新,需要立足以人为中心的发展理念,通过对城市资源、环境的挖掘与优化,最大程度聚合休闲要素,增强不同区域的休闲价值,从而不断提升城市休闲功能,让人民群众生活更美好。

(2)共创小微休闲空间。在城市休闲化进程中,提升城市休闲空间的有效性,提高休闲设施和场地的利用率,是增强人民群众获得感的必要考虑。为此,需要着眼于群众日常生活空间进行微调和修正,打造口袋公园、小微绿地等微休闲空间,并鼓励社会力量和居民广泛参与微休闲空间治理,实现价值共创,从而激发人与空间交互的归属感。

（3）发挥城郊休闲资源优势。城市更新不仅是旧城和建成区的更新，也是城郊提质增效的更新。城市郊区的生态景观、文化等价值无疑是城市休闲化内容的重要组成部分，因此，结合城郊滨河、湿地、田园等资源，创新发展多种休闲业态，是推动城市更新集约内涵式发展的重要体现，更是推进城市高质量发展的有力举措。

（二）城市休闲化激活消费潜力，助力扩大内需发展战略

2023 年 7 月 28 日，国务院办公厅转发国家发展改革委《关于恢复和扩大消费的措施》，把恢复和扩大消费摆在优先位置，提出恢复和扩大消费 20 条政策举措。显然，全面促进消费高质量增长已成为当前阶段扩大内需的重要内容，这也是更好满足人民对美好生活向往的必然要求。休闲消费是城市休闲化水平的重要体现，更是人民群众对美好生活的向往从"有没有"转向"好不好"的重要标志。因此，城市休闲化发展要把握和顺应时代趋势，紧紧扣住人民生活方式休闲化的特征，优化城市休闲供给，加快培育休闲消费增长新动能，开启大休闲消费时代。

（1）以需求牵引为方向。2023 年"特种兵旅游""City Walk"等成为休闲旅游新风尚，足见休闲消费的个性、品位和层次的鲜明与多元，切身"穿越"景观或是"感受"城市，都从一定程度上表明休闲消费者希望获得的身份认同和自我表达，因此，城市管理者要积极推动休闲配套要素的重组与创新，释放消费潜力。

（2）以优化供给为突破。休闲消费潜力的充分释放需要优化休闲供给，当前国家大力促进旅游休闲街区、旅游休闲城市等建设，但普遍存在同质化、业态单一等问题，因此需要创新内容、丰富业态，跨界联动，构建起休闲消费新场景，带动休闲消费增长。

（3）以数字经济为抓手。当前，数字经济已成为最具活力、辐射最广泛的经济形态，各城市抓住这一机遇也在积极谋划数字化转型，以提高城

市效率、可持续性和宜居性。在这一背景下,城市休闲消费也要突破传统消费的限制,多元化打造线上休闲消费场景,从而带动休闲产业全链条、多角度转型升级,为消费者带来更多体验感。

（三）城市休闲化深化文旅融合,增强经济发展内生动力

推进文旅深度融合是党的二十大作出的重要部署,也是文化强国战略的重要内容和中国式现代化的重要抓手。城市休闲化进程实质上也是推动文旅融合发展的重要力量。休闲资源门类丰富,包括旅游、文化、体育、娱乐等,找准休闲资源与现代生产生活的连接点,有利于推进文旅深度融合发展,为城市寻求经济转型提供一个重要方向。因此,需要做好以下方面工作。

（1）强化休闲相关企业发展韧性。一是,各城市立足自身的市场特征,强化休闲资源整合、休闲产品研发和相关政策推动,构建现代休闲产业体系;二是,加强休闲相关企业的人才队伍建设,持续为企业发展提供动能;三是,持续完善优化城市基础设施,增强主客休闲体验感,并确保环境的可持续性。

（2）增加休闲相关产业用地供应。休闲相关产业用地是关乎休闲产业高质量发展实效的核心问题,其标准、管理、规划等各环节的优化调整都会影响到城市休闲化的发展进程。休闲相关产业已成为我国新时代经济转型升级的重要产业,因此各城市需要为休闲相关产业发展提供用地供应,强调服务于所处区域的居民,为人们提供商业、娱乐、体育、文化等休闲消费空间,为文旅融合深度发展提供持续动力。

（3）构建休闲相关产业生态。一方面,休闲类企业与产业园区要加强互动,形成协同共生态势;另一方面,持续强化金融要素保障力度,助力休闲类企业健康发展,促进电商平台与休闲类企业的互动发展,增强发展的新动力,为经济增长提供支撑。

第二章 指标体系与评价方法

第一节 指标体系

结合城市休闲化的内涵与特征,本报告认为城市休闲化是经济、服务、环境、消费和交通综合作用的过程。为进一步测度城市休闲化发展水平,本报告将城市休闲化指标归纳为经济与产业发展、休闲服务与接待、休闲生活与消费、休闲空间与环境、交通设施与安全五个方面,共涵盖43[①]个具体指标,见表2-1。

表2-1 中国城市休闲化评价指标体系

一级指标	二级指标	三级指标	单位	变量	属性
经济与产业发展	经济水平	地区生产总值	亿元	X1	正向
		人均地区生产总值	元	X2	正向
	城市化水平	城市化率	%	X3	正向
	产业发展	第三产业占地区生产总值比重	%	X4	正向
		第三产业就业人数占全部就业人数比重	%	X5	正向

---

① 原为44个指标。由于近年来在相关统计年鉴中,有关"入境过夜旅游者人均花费"这一指标不再纳入统计口径中,导致该数据获取困难,故将该指标去除,评价指标数量减为43个。

一级指标	二级指标	三 级 指 标	单位	变量	属性
经济与产业发展	产业发展	社会消费品零售总额	亿元	X6	正向
		住宿和餐饮业零售总额	亿元	X7	正向
		批发、零售、住宿和餐饮业从业人数	人	X8	正向
		限额以上批发、零售、住宿和餐饮业企业个数	个	X9	正向
休闲服务与接待	文化设施	博物馆数量	个	X10	正向
		公共图书馆数量	个	X11	正向
		文化馆数量	个	X12	正向
		剧场、影剧院个数	个	X13	正向
		国家重点文物保护单位数量	个	X14	正向
	休闲旅游接待	旅行社数量	个	X15	正向
		星级饭店数量	个	X16	正向
		国家4A级及以上景区数量	个	X17	正向
		公园个数	个	X18	正向
	游客接待规模	国内旅游人数	万人次	X19	正向
		入境旅游人数	万人次	X20	正向
休闲生活与消费	居民消费	城镇居民家庭恩格尔系数	%	X21	负向
		城市居民人均可支配收入	元	X22	正向
		城市居民消费价格指数(以上一年为100)	%	X23	正向
		城市居民家庭人均消费性支出	元	X24	正向

续 表

一级指标	二级指标	三 级 指 标	单位	变量	属性
休闲生活与消费	居民消费	城市居民人均家庭设备用品及服务消费支出	元	X25	正向
		城市居民人均医疗保健消费支出	元	X26	正向
		城市居民人均交通通信消费支出	元	X27	正向
		城市居民人均教育文化娱乐服务消费支出	元	X28	正向
	家庭休闲设备	每百户城镇常住居民家庭年末彩色电视机拥有量	台	X29	正向
		每百户城镇常住居民家庭年末家用电脑拥有量	台	X30	正向
休闲空间与环境	居住空间	市区人均居住面积	平方米	X31	正向
	城市绿化	城市(建成区)绿化覆盖率	%	X32	正向
		城市绿地面积	公顷	X33	正向
		城市人均公园绿地面积	平方米	X34	正向
	城市环境	空气质量达到及好于二级的天数	天	X35	正向
		国控主要城市区域环境噪声	等级声效	X36	负向
	环境荣誉	国家荣誉称号数	个	X37	正向
交通设施与安全	城市交通	公共汽车、电车客运量	万人次	X38	正向
		轨道交通客运量	万人次	X39	正向
		公路运输客运量	万人次	X40	正向
		铁路运输客运量	万人次	X41	正向
		民用航空旅客发送量	万人次	X42	正向
	交通安全	交通事故发生数	起	X43	负向

第一类,经济与产业发展,是城市休闲化发展的先决条件。主要反映城市居民进行休闲消费的宏观环境,包括地区生产总值,人均地区生产总值,城市化率,第三产业占地区生产总值比重,第三产业就业人数占全部就业人数比重,社会消费品零售总额,住宿和餐饮业零售总额,批发、零售、住宿和餐饮业从业人数,限额以上批发、零售、住宿和餐饮业企业个数,合计 9 项。

第二类,休闲服务与接待,是城市休闲化发展的内在驱动力。主要反映城市为满足本地居民日常休闲娱乐和外来游客观光度假需求而提供的休闲旅游和文化娱乐设施,以及城市的休闲旅游接待能力,包括博物馆数量,公共图书馆数量,文化馆数量、剧场、影剧院个数,国家重点文物保护单位数量,旅行社数量、星级饭店数量,国家 4A 级及以上景区数量,公园个数,国内旅游人数和入境旅游人数,合计 11 项。该维度是表征一座城市休闲功能水平的重要指标。

第三类,休闲生活与消费,是反映城市居民休闲生活质量的重要指标,也是城市居民生活休闲化发展的核心内容。主要反映城市居民生活质量和休闲消费结构,包括城镇居民家庭恩格尔系数,城市居民人均可支配收入,城市居民消费价格指数,城市居民家庭人均消费支出,城市居民人均家庭设备用品及服务消费支出,城市居民人均医疗保健消费支出,城市居民人均交通通信消费支出,城市居民人均教育文化娱乐服务消费支出,每百户城镇常住居民家庭年末彩色电视机拥有量,每百户城镇常住居民家庭年末家用电脑拥有量,合计 10 项。

第四类,休闲空间与环境,主要反映城市居民的居住空间尺度和城市游憩环境质量,包括市区人均居住面积,城市(建成区)绿化覆盖率,城市绿地面积,城市人均公园绿地面积,空气质量达到及好于二级的天数,国控主要城市区域环境噪声和国家荣誉称号数量,合计 7 项。其中国家荣誉称号数包括国家历史文化名城,全国文明城市,国家文明城市,国家园林城市,国家环境保护模范城市,中国优秀旅游城市等六个方面的内容。该维度指标是衡量一个城市是否具备提供人们从事户内外游憩活动的基本物质条件,也是构成城市休闲化发展的重要载体。

第五类,交通设施与安全,主要反映城市内外交通的承载能力、便捷程度和安全可靠性,包括公共汽车和电车客运量,轨道交通客运量,公路运输客运量,铁路运输客运量,民用航空旅客发送量和交通事故发生数,合计6项。该维度指标是城市本地居民和外来游客开展休闲活动的前提,是城市休闲化发展的基础条件。

第二节　研究对象与评价方法

一、研究对象

本报告的研究对象包括国内22个省会城市、5个自治区首府城市、4个直辖市和5个计划单列市(大连、青岛、宁波、厦门、深圳),共计36个城市。选择这36个城市的原因在于以下几方面。一是考虑到数据的可获得性和全面性。二是考虑到数据的时间连续性和纵向的可比性。自从"中国城市休闲化指数课题组"于2011年首次发布《中国城市休闲化发展指数报告》以来,一直持续跟踪研究上述36个城市的休闲化发展状况。研究对象的一致性有利于把握中国城市休闲化发展的总体趋势和变化特点。

2023年,本报告纳入监测的36座城市,合计人口为37 295.52万人,约占全国总人口的26.4%;合计面积为536 029平方千米,约占全国总面积的5.59%;合计国内生产总值为444 761.78亿元,约占国内生产总值

（GDP）的 38.88％。显然,通过研究 36 座城市休闲化指数,对于全国范围内城市休闲化的发展具有重要的引领作用与示范效应。希望借此为新型城镇化时代中国城市更新发展、居民生活品质提升提供理论参考与实践借鉴。

本报告研究数据均来自《中国统计年鉴》《中国城市统计年鉴》《中国第三产业统计年鉴》《中国交通年鉴》《中国文化与文物统计年鉴》,以及各省、自治区和直辖市国民经济和社会发展统计公报等国家和省(自治区、直辖市)级有关管理部门公开出版或发布的统计数据。

二、评价方法

（一）数据标准化处理

本报告所有指标口径概念均与国家统计局制定的城市基本情况统计制度保持一致,以保证评价结果的客观公正性。按照评价指导思想与评价原则要求,所有指标分为两类:一是正向指标,即指标数据越大,评价结果越好;二是逆向指标,即这类指标的数值与评价结果呈反向影响关系,指标数值越大,评价结果就越差。本报告中"交通事故发生数""城镇居民家庭恩格尔系数""国控主要城市区域环境噪声"属于此类。本报告对逆向指标进行一致化处理,转换成正向指标,具体采用如下公式

$$X' = \frac{1}{x}(x > 1)$$

并对所有逆向指标的 X 数据进行变化,统一为正向指标。

（二）指标赋权方法

在以往相关研究文献中,计算权重通常采用主观判断法和客观分析法。前者是通过对专家评分结果进行数学分析,实现定性到定量的转

化;后者则通过提取统计数据本身的客观信息来确定权重。主观判断法对先验理论有很强的依赖性,受调查者往往以某种先验理论或对某种行为的既定认识来确定指标权重,所以使用主观判断法会造成指标选取和权重确定上存在一定的主观性和随意性,从而降低综合评价分析的科学性。客观分析法是通过对评价指标数据本身的客观信息进行提取分析,从而确定权重大小。其特点是客观性较强,但在一定程度上限制了专家经验在确定权重所发挥的重要性作用,赋权结果有时说服力不够强。

在本报告的指标体系中因指标较多,数据信息量较大,为避免数据处理的失真,主要按照客观分析法,依靠可得性客观数据,并运用基于客观数据分析的"差异驱动"原理,对我国 36 个城市的休闲相关变量进行赋权,目的在于消除人为因素的影响,提高评价的科学性[①],将指标变量数列的变异系数记为

$$V_j = S_j / \bar{X}_j, \text{其中 } \bar{X}_j = \frac{1}{36} \sum_{i=1}^{36} X_{ij}$$

$$S_j = \sqrt{\frac{1}{36} \sum_{i=1}^{36} (X_{ij} - \bar{X}_j)^2}$$

$$(i = 1, 2, 3, \cdots, 36; \ j = 1, 2, 3, \cdots, 43)$$

由此,变量的权重为

$$\lambda_j = V_j / \sum_{j=1}^{43} V_j \qquad (2-1)$$

(三)综合评价模型

变量集聚是简化城市休闲化评价指标体系(Urban Recreationalization

---

① 杨勇.中国省际旅游业竞争力分析——ARU 结构与影响因素[J].山西财经大学学报,2007(10):53-60.

Index,简称 URI)的有效手段,即指数大小不仅取决于独立变量的作用,也取决于各变量之间形成的集聚效应。非线性机制整体效应的存在,客观上要求经济与产业发展(EI)、休闲服务与接待(SH)、休闲生活与消费(LC)、休闲空间与环境(SE)、交通设施与安全(TS)全面协调发展,产生协同作用。

本评价指标根据柯布道格拉斯函数式构建评价模型为

$$\text{URI} = \text{EI}_j^a + \text{SH}_j^b + \text{LC}_j^c + \text{SE}_j^d + \text{TS}_j^e \qquad (2-2)$$

式中,a、b、c、d、e 分别表示经济与产业发展、休闲服务与接待、休闲生活与消费、休闲空间与环境、交通设施与安全的偏弹性系数。从式(2-2)可以看出,该函数体现的是城市休闲化各变量指标之间的非线性集聚机制,强调了城市休闲化各指标协调发展的重要性。

在指标数据处理上,由于评价指标含义不同,各指标量纲处理差异比较大,所以不能直接使用各指标数值进行评价。为了使数据具有可比性,采用最大元素基准法对指标数据进行无量纲处理,将实际能力指标值转化为相对指标,即

$$Y_{ij} = (X_{ij} / \max_{\substack{1 \leqslant j \leqslant 43 \\ 1 \leqslant i \leqslant 36}} [X_{ij}])$$

经过处理后的城市休闲化评价模型为:

$$\begin{aligned} \text{URI} = {} & \sum\nolimits_{j=1}^{9} Y_{ij}^a + \sum\nolimits_{j=10}^{20} Y_{ij}^b + \sum\nolimits_{j=21}^{30} Y_{ij}^c \\ & + \sum\nolimits_{j=31}^{37} Y_{ij}^d + \sum\nolimits_{j=38}^{43} Y_{ij}^e \end{aligned} \qquad (2-3)$$

总之,城市休闲化评价指标的非线性组合评价法具有以下特点。

第一,强调了城市休闲化评价指标变量间的相关性及交互作用。

第二,着眼于系统性观点,突出了评价变量中较弱变量的约束作用,充分体现了城市休闲化水平的"短板效应",即城市休闲化水平就像 43

块长短不同的木板组成的木桶,木桶的盛水量取决于长度最短的那块木板。

第三,因采用了指数形式,导致变量权重的作用不如线性评价法明显,但对于变量的变动却比线性评价法更为敏感。

第三章 城市休闲化评价结果

第一节 综合评价

一、36座城市休闲化指数排名

根据经济与产业发展、休闲服务与接待、休闲生活与消费、休闲空间与环境、交通设施与安全五大维度指标,共计43个具体指标的相关数据统计与分析,得出国内36座城市休闲化发展指数的综合结果。从综合排名评价得分来看,可以分为以下四个梯队。首先,上海、北京两座城市遥遥领先,属于城市休闲化发展的第一梯队。值得注意的是,自2011年本报告首次发布以来的13年里,上海第一次超过北京排名第一。其次,深圳、广州、成都、重庆、杭州5个城市位居前列,属于城市休闲化发展的第二梯队,需要说明的是,成都越过重庆,首次进入排行榜前五位。南京、武汉、西安、贵阳、昆明、天津、宁波、青岛、郑州、厦门、长沙、福州、济南、哈尔滨、乌鲁木齐、合肥、沈阳、太原18个城市,属于城市休闲化发展的第三梯队。最后,大连、南昌、长春、石家庄、兰州、海口、拉萨、呼和浩特、南宁、银川、西宁11个城市,属于城市休闲化发展的第四梯队。

城市休闲化指数的这一排名也与上述省(自治区、直辖市)在全国的社会经济发展排名相符合,体现了经济与休闲互动发展的和谐特征。上海、北京、深圳、广州、成都、重庆、杭州进入城市休闲化指数评价排名的前两个梯队,表明这些城市休闲化发展的和谐性、均衡性也比较显著,所以能够成为我国城市休闲化发展的领先城市。而位于第三和第四梯队的城市,在城市休闲化发展的整体性方面还存在诸多不足,见图3-1。

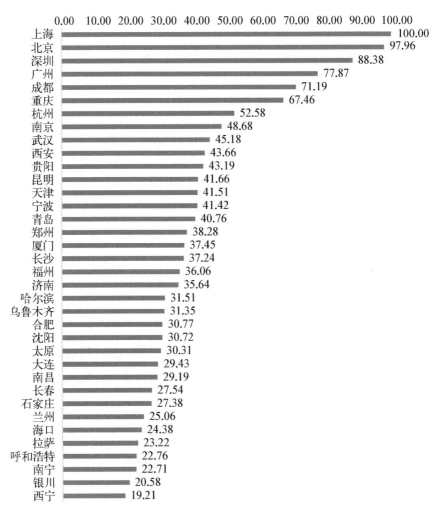

图3-1　36个城市休闲化综合指数排名

二、发展特征

基于 2023 我国城市休闲化指数综合结果，并结合以往年份的评价指数，大致勾勒出我国城市休闲化发展的基本特征。

（一）整体格局：一线大城市成为城市休闲化实践引领者

首先，以北京、上海为代表的头部城市在城市休闲功能优化方面已经步入一个新的发展时期。紧随其后的深圳、广州、成都和重庆，在城市休闲环境、消费等领域不断升级，表现出强劲的发展势头。

其次，位居前十的城市均属于我国的超大或特大型城市，说明大城市在促进城市休闲化发展速度、提升城市休闲化质量方面有着鲜明优势，成为我国城市休闲化发展过程中的一种常态现象。

最后，城市间发展差距显著缩小，2011 年，排名第 1 的城市与位列末位的城市之间，休闲化指数相差 7.64 倍，如今两者之间的差距已经缩减至 5.2 倍，说明城市休闲化水平整体在提升。

（二）维度特色：休闲消费成为城市休闲化发展活跃增长极

从五大维度指标水平看，首尾城市之间的平均差距为 9.13 倍，但是休闲生活与消费类指标首尾城市之间差距最小，仅有 1.98 倍。这充分说明，各城市居民对美好生活的追求愿景比较一致。近年来，各城市积极深化商文体旅发展，使休闲消费成为广大人民群众的美好生活的重要组成部分，极大地激活了消费市场活力，成为促进城市休闲化发展的增长极。

（三）区域优化：西部地区成为城市休闲化优化发展的助推器

从东中西部区域城市休闲化发展格局看，"东部领先，中部崛起，西部赶超"的发展态势趋于稳定。以重庆和成都为代表的西部地区，在一带一路发展战略和一系列政策红利的助推下,近年来城市休闲化发展水平显著提升,发展势头整体强于中部地区。

(四)空间协调:城市群成为区域休闲化协调发展的支撑力

近年来,以城市群、都市圈为依托构建大中小城市协调发展格局,已成为重点发展方向。本报告的研究发现,长三角、粤港澳大湾区、京津冀、成渝、长江中游等五大城市群内部的休闲化协调进程明显,其中长三角城市群优势明显,而粤港澳大湾区和成渝城市群休闲水平发展势头迅猛。以城市群建设为重心促进区域内部的休闲化水平协调均衡发展,是引领中国城市高质量发展与高品质休闲生活协调发展的重要方向,也是必然趋势。

(五)产品创新:文旅产品创新成为城市休闲化内涵式发展的着力点

本研究报告显示,上海首次超过北京位居城市休闲化水平榜首,这与上海近年来不断深入探索文旅产品创新工作息息相关。一是加强旅游品牌建设。上海聚焦红色文化、海派文化、江南文化等元素,加强与旅游的融合互动,持续推进上海旅游品牌建设。二是完善业态结构。上海积极探索文旅新业态,逐步形成了海派城市考古游、演艺新空间、郊野公园等新型业态,有效推动了城市休闲化进程。三是创新文旅消费场景。作为首批"国家文化和旅游消费示范城市",上海围绕"文旅+商业"深入探索,创意打造文娱展演、体育赛事、旅游购物等消费场景,成为城市休闲化内涵式发展的新支点。四是推进家门口好去处建设。截至2023年,上海"家门口好去处"评定工作已推进四批,一系列口袋公园、滨水空间、博物馆、书店等微休闲空间不断涌现在居民日常生活中,成为城市休闲化深度化发展的新抓手。

第二节　分类评价

一、分类指标权重

中国城市休闲化评价体系由经济与产业发展、休闲服务与接待、休闲生活与消费、休闲空间与环境、交通设施与安全五个一级指标组成。从五个一级指标的权重看,休闲服务与接待指标权重最高,为38.59%;接着是交通设施与安全,为28.51%;其后是经济与产业发展,为19.20%;再后是休闲空间与环境,为6.88%;最后是休闲生活与消费,权重最低,为6.82%。从13年的报告趋势看,休闲服务与接待的指标权重趋于增加,显而易见,在目前城市休闲化过程中,休闲服务与接待指标对城市休闲化的影响力在变大。休闲服务与接待指标包括了休闲服务设施的规模和接待能力,这从侧面表明,一个城市的休闲服务供给能力是城市休闲化水平与质量的重要反映。与此同时,休闲生活与消费指标、休闲空间与环境指标对城市休闲化的影响作用相对较小。这一特征一方面反映了各城市之间的休闲环境和休闲消费水平差异较小,另一方面说明休闲环境与休闲消费对城市休闲化的影响力体现得还不够明显和深刻。因此,各城市仍需要持续优化生态宜居环境、持续释放消费潜力,不断提升城市居民人均拥有的绿化水平以及人均消费水平,以推动城市休闲化高质量发展。见图3-2。

二、分类指标分析

(一)经济与产业发展

经济与产业发展主要反映城市休闲化发展的综合能力,是城市休闲

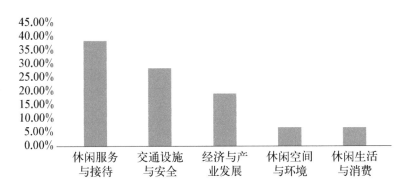

图 3-2 城市休闲化评价五大指标权重

化发展的先决条件。从该类指数排名看,上海、北京、深圳、广州和成都排名前5位,说明上述城市经济发展实力雄厚,为城市休闲化发展奠定了扎实的基础。而兰州、呼和浩特、西宁、银川、拉萨位列后5位,说明上述城市的经济发展水平相对薄弱,一定程度上制约了城市休闲化水平的提升,见图3-3。

(二)休闲服务与接待

休闲服务与接待,主要反映城市休闲文化、娱乐、旅游等休闲服务业态发展程度与接待规模,是城市休闲服务能力的重要表现。在该类指数排名中,深圳、上海、北京、广州、重庆位居前5位,说明上述城市与休闲相关的文化、旅游、娱乐、购物、体育等服务设施相对完善,并依托本地居民与外来游客的人口优势,形成规模经济效应。而兰州、海口、呼和浩特、西宁和银川位居后5位,尽管以上城市存在一定的文旅资源禀赋优势,但是将资源优势转化为产业优势和发展优势还有待时日,见图3-4。

(三)休闲生活与消费

休闲生活与消费,主要包括城市居民的消费结构、家庭休闲设备等内

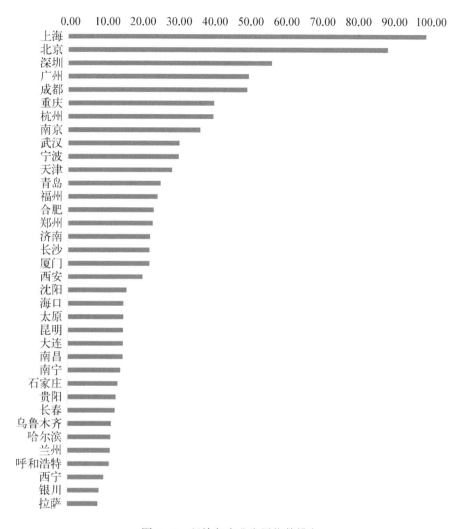

图 3-3 经济与产业发展指数排名

容,这是反映城市休闲化质量的关键指标。从该类指数排名看,杭州、上海、广州、南京和长沙排名前 5 位,说明上述城市在经济、人口、政策等因素的综合影响下,城市休闲娱乐和文旅市场深度融合效果较好,从而呈现出较高的休闲消费水平。而兰州、西宁、拉萨、海口、南宁的排名位居后五,说明上述城市在休闲娱乐、文旅消费业态的有效供给和休闲产品的多

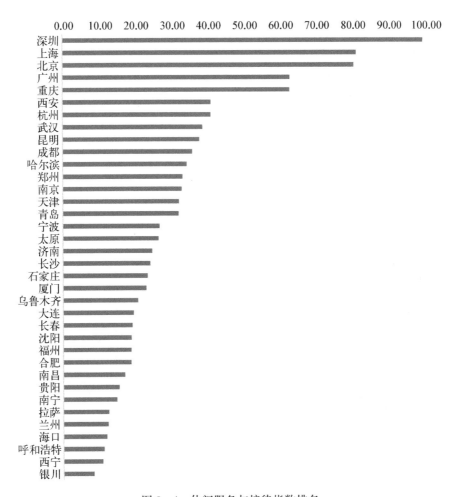

图 3-4 休闲服务与接待指数排名

元化供给方面还相对滞后,需要进一步优化供给,推动休闲消费平稳增长,见图 3-5。

（四）休闲空间与环境

休闲空间与环境,主要包括空气质量、城市绿化覆盖率等指标,代表一个城市生态环境治理与发展水平,是衡量城市户外游憩活动品质的重要指数。从该类指数排名看,广州、重庆、上海、深圳和宁波名列前 5 位,

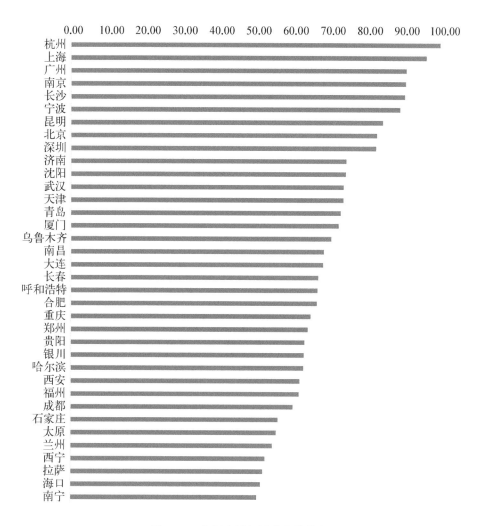

图3-5　休闲生活与消费指数排名

说明上述城市在生态环境的治理与环境建设方面成效显著。而兰州、太原、石家庄、南宁和西宁处于排名后5位，一定程度上表明以上5个城市在绿地面积供给、空气质量改善方面还存在一定短板，需要进一步优化，以满足本地居民与外来游客日益增长的户外休闲活动需求，见图3-6。

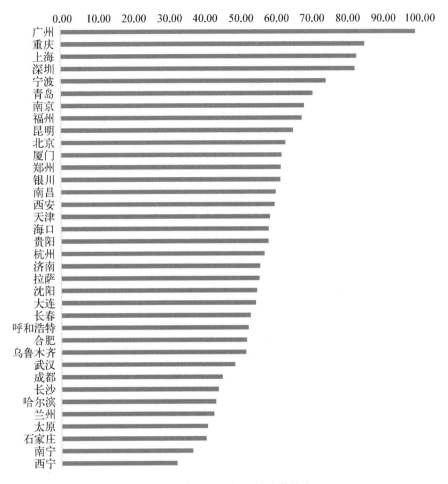

图 3-6　休闲空间与环境指数排名

（五）交通设施与安全

交通设施与安全,主要反映城市内外交通的便捷程度和安全性,是城市休闲化发展的重要保障。从该类指数结果看,成都、北京、贵阳、广州和上海排名前 5 位。这些城市交通运达能力各有优势,保障了人们的休闲旅游活动的便利开展。而哈尔滨、南宁、西宁、呼和浩特和银川位居最后 5 位,说明这些城市的交通配给能力尚有不足,需要进一步完善交通网络体系,提升交通通达性和出行安全性,见图 3-7。

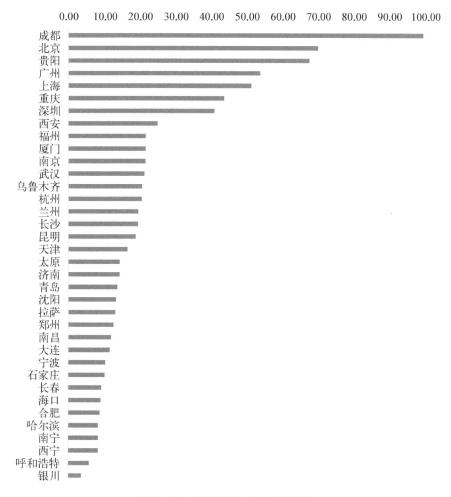

图 3-7 交通设施与安全指数排名

第三节 发展趋势

一、36 座城市休闲化指数排序演变趋势

将 2023 年 36 座城市的休闲化指数与 2011—2022 年的相关数据进行比较的话，大致反映出如下几个特点。

第一,北京、上海、广州、重庆、深圳的城市休闲化水平总体排名靠前,不过多年来的排名略有变化。其中,北京和上海的排名始终是位居前二,广州自2013—2022年来始终保持第三名的位置,2023年落后于深圳,位居第四,而重庆落在了第六位。

第二,自2015年以来,成都和杭州的排名位次紧邻,但从趋势看,成都的进步更明显一些,2023年的排名首次进入前五。成都城市休闲化发展快速的原因主要在于以下几个方面:一是交通体系逐步完善,为城市居民和外来游客的休闲旅游活动开展提供了便利条件;二是出台政策吸引了大量人才,为城市休闲消费发展提供了人口优势;三是在公园城市建设理念下,城市生态环境持续改善,为城市休闲化发展提供了环境保障。

第三,大多数城市休闲化排名都有所变化。尤其值得关注的是,贵阳和乌鲁木齐的上升幅度较大。从2011到2023年,贵阳的排名从28名跃升至11名,乌鲁木齐从34名上升到22名。贵阳的优势指标是交通,尤其是公路运输客运量位居第一名,贵阳内外交通的便捷性,为城市居民休闲活动的开展提供了基础条件。乌鲁木齐的优势指标是交通与休闲消费,尤其是人均消费水平较高,这成为促进该城市休闲化水平提升的关键因素。

第四,西部地区的排名整体相对靠后,这与西部地区的经济发展水平有关。不过,随着西部大开发政策深入,以及在"一带一路"倡议政策红利的引导下,西部地区的城市休闲化速度和质量会进一步加快。

第五,东北地区的沈阳、大连、哈尔滨、长春的排名均有下降。2011年,沈阳、大连、哈尔滨、长春的排名分别是17、12、14、27,2023年分别为24、26、21、28,其中大连的排名下降最明显,足以可见,东北地区的城市需要寻求新动力、实现新突破,才能助推城市休闲化的快速发展,见表3-1。

表 3–1 中国 36 个城市休闲化水平排序变化一览表(2011—2023 年)

年份	北京	上海	广州	深圳	重庆	成都	杭州	南京	武汉
2011	1	2	4	3	5	9	6	7	10
2012	1	2	4	3	5	10	6	7	8
2013	1	2	3	5	4	9	6	7	10
2014	1	2	3	5	4	8	6	7	11
2015	1	2	3	4	5	6	7	8	9
2016	1	2	3	5	4	6	7	9	8
2017	1	2	3	4	5	6	7	8	9
2018	1	2	3	4	5	7	6	8	9
2019	1	2	3	5	4	6	7	8	10
2020	1	2	3	5	4	6	7	8	10
2021	1	2	3	4	5	6	7	8	9
2022	1	2	3	5	4	6	7	8	10
2023	2	1	4	3	6	5	7	8	9

年份	天津	西安	昆明	沈阳	大连	宁波	青岛	福州	长沙
2011	8	11	18	17	12	13	15	22	21
2012	9	12	14	16	11	13	17	20	21
2013	8	11	16	14	13	12	17	21	20
2014	9	10	16	18	14	13	20	12	19
2015	10	11	12	15	17	13	14	19	18
2016	11	10	14	15	21	12	13	19	20
2017	10	11	12	13	14	15	16	17	18

续　表

年份	天津	西安	昆明	沈阳	大连	宁波	青岛	福州	长沙
2018	10	11	17	16	13	12	14	20	15
2019	9	11	18	15	17	12	13	22	16
2020	11	9	16	17	23	12	15	21	13
2021	12	11	13	22	25	10	14	18	19
2022	12	9	11	21	26	15	13	17	19
2023	13	10	12	24	26	14	15	19	18

年份	厦门	济南	哈尔滨	郑州	贵阳	南昌	合肥	长春	石家庄
2011	19	20	14	16	28	30	26	27	23
2012	19	23	18	15	27	28	25	26	22
2013	23	19	18	15	29	31	25	24	22
2014	22	23	17	15	26	28	24	27	21
2015	20	22	21	16	23	28	24	27	25
2016	23	22	18	16	17	27	24	26	25
2017	19	20	21	22	23	24	25	26	27
2018	21	18	19	22	23	25	24	26	27
2019	23	21	19	14	20	24	25	28	26
2020	18	25	24	14	19	28	26	27	20
2021	15	21	20	17	16	28	24	26	27
2022	16	20	24	18	14	28	23	25	27
2023	17	20	21	16	11	27	23	28	29

续　表

年份	太原	南宁	乌鲁木齐	呼和浩特	银川	兰州	海口	西宁	拉萨
2011	29	25	34	24	32	35	33	36	31
2012	29	24	33	30	36	32	31	34	35
2013	28	26	33	27	36	32	30	34	35
2014	29	25	32	30	35	33	31	34	36
2015	32	30	29	31	33	35	26	36	34
2016	30	28	31	29	33	34	32	36	35
2017	28	29	30	31	32	33	34	35	36
2018	28	32	30	31	34	33	29	35	36
2019	27	31	33	29	30	32	34	35	36
2020	22	30	31	29	35	32	33	36	34
2021	29	31	23	33	35	30	32	36	34
2022	29	32	22	34	36	30	33	35	31
2023	25	34	22	33	35	30	31	36	32

二、36座城市休闲化指数等级变化趋势

运用百分制等级划分进行分类,可以分为以下5个等级。第一等级,以A为好(80～100);第二等级,以B为较好(60～79);第三等级,以C为一般(40～59);第四等级,以D为较低(20～39);第五等级,以E为低(1～19)。以此为标准,将我国36个城市连续13年来的城市休闲化指数评价指标的综合评价值进行排列,在一定程度上可以凸显出各个城市自身变化的相关特征。

通过对我国 36 个城市连续 13 年来的城市休闲化指数评价指标水平的等级进行比较发现,各个城市在 13 年来的发展过程中各具特点。

第一,从总体分布看,城市休闲化水平稳步提升。在 2011 年,36 座城市休闲化水平的综合评价值主要分布在第二等级至第五等级四个层面,数量分别是 1 个、3 个、9 个、23 个。在 2023 年,36 座城市主要分布在第三等级至第五等级 3 个层面,数量分别是 4 个、14 个、18 个。从变化看,第二等级的城市数量由 1 个减少到 0 个。第三等级的城市数量由 3 个增加到 4 个。第四等级的城市数量由 9 个增加至 14 个,增加了 55.56%。第五等级的城市数量由 23 个减至 18 个,降低了 21.74%。显而易见,尽管 36 座城市休闲化水平的综合评价值分布等级主要集中在第三至第五等级内,但是各个等级的分布数量已经出现显著变化,尤其是第五等级的城市数量明显减少。从城市休闲化水平综合评价指标值的地区分布来看,处在第五等级的城市主要是分属于中西部地区,尤其是集中在西部地区,从处于第五等级城市数量的减少可以说明,随着我国社会经济的持续健康发展,城市休闲化水平整体上在缓慢提升。需要说明的是,2023 年处于第三等级的数量较之 2022 年有一定减少,可能跟疫情带来的经济、人口变化有关。

从东中西部地区城市自身发展的角度看,休闲化水平的广泛提升是发展的主调,但是各个城市的提升幅度差异较大。对 36 个城市休闲化水平综合评价指标值的梳理看,西部地区最显著,接着是东部地区,中部地区相对滞后。以西部地区的成都、贵阳为例,2023 年成都城市休闲化水平较之 2011 年提升了将近 60%,贵阳则提升了将近 2 倍。在东部地区,广州、深圳、上海的城市休闲化水平提速明显,13 年来广州提升了 21%,深圳提升了 34%,上海提升了 28%。在中部地区,合肥城市休闲化水平增速显著,13 年来提升了 74%。综上所述,成都和贵阳是 36 座城市中休闲化水平综合指标值递增最快的城市,见表 3-2。

表 3 - 2 2011—2023 年中国城市休闲化水平等级数量变化

等级	2011	数量	2012	数量	2013	数量
A	——	0	——	0	北京	1
B	北京	1	北京、上海	2	上海	1
C	上海、广州、深圳	3	广州、深圳	2	广州、重庆	2
D	重庆、杭州、南京、天津、成都、武汉、西安、宁波、大连	9	重庆、杭州、南京、天津、成都、武汉、西安、宁波、大连	9	深圳、杭州、南京、天津、成都、武汉、西安、宁波、大连、沈阳、郑州、昆明、青岛、哈尔滨、济南	15
E	沈阳、郑州、昆明、青岛、哈尔滨、济南、长沙、福州、石家庄、厦门、长春、合肥、南宁、呼和浩特、太原、贵阳、海口、南昌、兰州、乌鲁木齐、西宁、拉萨、银川	23	沈阳、郑州、昆明、青岛、哈尔滨、济南、长沙、福州、石家庄、厦门、长春、合肥、南宁、呼和浩特、太原、贵阳、海口、南昌、兰州、乌鲁木齐、西宁、拉萨、银川	23	长沙、福州、石家庄、厦门、长春、合肥、南宁、呼和浩特、太原、贵阳、海口、南昌、兰州、乌鲁木齐、西宁、拉萨、银川	17

等级	2014	数量	2015	数量	2016	数量
A	——	0	——	0	——	0
B	北京、上海	2	北京、上海	2	北京、上海	2
C	广州、重庆、深圳	3	广州、深圳、重庆	3	广州、重庆、深圳	3
D	杭州、南京、天津、成都、武汉、西安、宁波、大连、沈阳、郑州、昆明、青岛、哈尔滨、长沙、福州	15	成都、杭州、南京、武汉、天津、西安、昆明、宁波、青岛、沈阳、郑州、大连、长沙、福州、厦门、哈尔滨	16	成都、杭州、武汉、南京、西安、天津、宁波、青岛、昆明、沈阳、郑州、贵阳、哈尔滨、福州、长沙、大连、济南、厦门	18

续　表

等级	2014	数量	2015	数量	2016	数量
E	济南、石家庄、厦门、长春、合肥、南宁、呼和浩特、太原、贵阳、海口、南昌、兰州、乌鲁木齐、西宁、拉萨、银川	16	济南、贵阳、合肥、石家庄、海口、长春、南昌、南宁、乌鲁木齐、南宁、呼和浩特、太原、银川、拉萨、兰州、西宁	15	合肥、石家庄、长春、南昌、南宁、呼和浩特、太原、乌鲁木齐、海口、银川、兰州、拉萨、西宁	13

等级	2017	数量	2018	数量	2019	数量
A	北京	1	——	0	——	0
B	上海、广州	2	北京、上海	2	北京、上海	2
C	深圳、重庆、成都	3	广州、深圳、重庆	3	广州、重庆、深圳、成都	4
D	杭州、南京、武汉、天津、西安、昆明、沈阳、大连、宁波、青岛、福州、长沙、厦门、济南、哈尔滨、郑州、贵阳	17	杭州、成都、南京、武汉、天津、西安、宁波、大连、青岛、长沙、沈阳、昆明、济南、哈尔滨、福州、厦门、郑州、贵阳	18	杭州、南京、天津、武汉、西安、宁波、青岛、郑州、沈阳、长沙、大连、昆明、哈尔滨、贵阳、济南、福州、厦门、南昌、合肥	19
E	南昌、合肥、长春、石家庄、太原、南宁、乌鲁木齐、呼和浩特、银川、兰州、海口、西宁、拉萨	13	合肥、南昌、长春、石家庄、太原、海口、乌鲁木齐、呼和浩特、南宁、兰州、银川、西宁、拉萨	13	石家庄、太原、长春、呼和浩特、银川、南宁、兰州、乌鲁木齐、海口、西宁、拉萨	11

等级	2020	数量	2021	数量	2022	数量
A	——	0	——	0	——	0
B	北京、上海	2	北京、上海	2	——	0
C	广州、重庆、深圳、成都	4	广州、深圳、重庆、成都	4	北京、上海、广州、重庆、深圳、成都	6

续 表

等级	2020	数量	2021	数量	2022	数量
D	杭州、南京、西安、武汉、天津、宁波、长沙、郑州、青岛、昆明、沈阳、厦门、贵阳、石家庄、福州、太原、大连、哈尔滨	18	杭州、南京、武汉、宁波、西安、天津、昆明、青岛、厦门、贵阳、郑州、福州、长沙、哈尔滨、济南、沈阳	16	杭州、南京、西安、武汉、昆明、天津、青岛、贵阳、宁波、厦门、福州、郑州、长沙、济南	14
E	济南、合肥、长春、南昌、呼和浩特、南宁、乌鲁木齐、兰州、海口、拉萨、银川、西宁	12	乌鲁木齐、合肥、大连、长春、石家庄、南昌、太原、兰州、南宁、海口、呼和浩特、拉萨、银川、西宁	14	沈阳、乌鲁木齐、合肥、哈尔滨、长春、大连、石家庄、南昌、太原、兰州、拉萨、南宁、海口、呼和浩特、西宁、银川	16

等级	2023	数量				
A	——	0				
B	——	0				
C	上海、北京、深圳、广州	4				
D	成都、重庆、杭州、南京、武汉、西安、贵阳、昆明、天津、宁波、青岛、郑州、厦门、长沙	14				
E	福州、济南、哈尔滨、乌鲁木齐、合肥、沈阳、太原、大连、南昌、长春、石家庄、兰州、海口、拉萨、呼和浩特、南宁、银川、西宁	18				

三、东中西部三个区域的城市休闲化指数变化趋势

本报告进一步立足于东中西部三个区域的发展角度[①],对 2011—2023 年东中西部地区城市休闲化指数水平进行归纳与分析,发现以下发展与变化特征。

第一,从整体看,三大区域的城市休闲化水平均有所提升,但是值得注意的是,中西部地区城市的休闲化水平提升速率要高于东部地区,而这也与近年来中西部地区社会经济发展增速快于东部地区的现象同步,也从一定意义上表明社会经济发展水平是促进城市休闲化发展的重要前提。中西部地区总体上来讲城市休闲化发展水平要低于东部地区,因此在提高城市休闲化发展水平的空间上要大于东部地区,发展潜力也更为明显。可以预计,随着中西部地区各个城市社会经济发展水平保持在一个比较良好的发展状态,今后一段时间,中西部地区城市休闲化发展速度高于东部地区将成为一种常态。相对而言,东部地区城市休闲化发展水平已达到一定高度,如何将自身的各类优势融入城市休闲化的进程中,提升资源利用效率,以及通过中心城市带动城市群休闲化水平的均衡发展,成为东部地区城市休闲化可持续发展的关键。

第二,从区域内部发展变化看,西部地区内部城市休闲化发展的差异性比较显著。如西部地区的重庆和成都,两座城市的休闲化水平始终位列 36 座城市的前列,且比一些东部城市的休闲化水平值还要高。与此同时,同属西部地区的兰州、乌鲁木齐、西宁、拉萨、银川等城市休闲化水平值就明显偏低,因此在整体上制约了西部地区城市休闲化水平的均值水

---

① 三大区域分别为东中西部区域,其中东部区域城市包括北京、上海、深圳、天津、南京、沈阳、杭州、福州、广州、海口、大连、厦门、宁波、青岛、济南;中部区域城市包括长春、合肥、南昌、郑州、长沙、太原、哈尔滨、武汉、石家庄;西部区域城市包括呼和浩特、南宁、成都、西安、乌鲁木齐、贵阳、拉萨、兰州、银川、重庆、昆明、西宁。

平。从这个角度出发，可以看出，如何发挥区域中心城市的引领和辐射效应，从而促进区域协调发展，成为提升西部地区城市休闲化总体水平的关键点。

第三，从均值差异角度来看，东部城市休闲化均值水平明显高于中部和西部城市，而中部和西部城市休闲化水平均值比较接近，但西部均值已明显超越了中部地区，一定程度上说明西部地区在政策红利作用下，城市休闲化建设取得了明显效果，而中部地区城市休闲化水平却稍显落后，值得引起有关城市高度重视。见表3-3。

表3-3　2011—2023三大区域城市休闲化均值水平比较

区域	2023	2022	2021	2020	2019	2018	2017	2016	2015	2014	2013	2012	2011
东部	28.51	30.95	32.09	33.77	35.65	35.08	35.51	35.63	32.21	31.89	32.18	29.70	30.57
中部	18.05	19.66	19.73	21.88	22.66	21.22	20.77	20.95	18.74	18.58	18.85	16.20	19.08
西部	19.67	21.70	21.83	22.13	23.58	21.59	22.28	22.45	19.50	18.09	18.13	16.36	22.02

参考文献：

［１］楼嘉军，李丽梅.中国城市休闲化研究［M］.上海：上海交通大学出版社，2019.

［２］庞学铨.休闲与城市发展［M］.杭州：浙江大学出版社，2021.

［３］刘德谦，石美玉.中国城市休闲和旅游竞争力报告（2020）［M］.北京：社会科学文献出版社，2020.

［４］刘松.中国城镇居民休闲消费潜力研究［M］.上海：上海交通大学出版社，2020.

［５］宋长海.城市休闲街区经营模式的理论与实践［M］.上海：上海交通大学出版社，2019.

［6］吕宁,庞博.中国城市休闲竞争力比较探索[J].旅游学刊,2023,38(7)：6-9.

［7］李华,胡善琦,郑梦园,等.城市高质量休闲场所的空间格局和优化[J].经济地理,2024,44(2)：228-239.

［8］蔡沐阳,史吉志,贺小荣.从旅游到休闲：中国旅游城市嬗变的策略[J].经济地理,2022,42(11)：225-231.

［9］单凤霞.我国城市休闲体育系统的理论构建与运行实践——基于对杭州、武汉和成都三市的调查[J].体育学刊,2022,29(4)：68-73.

［10］马红涛,楼嘉军.乌鲁木齐市城市休闲化发展历程及影响因素研究[J].现代城市研究,2021(5)：83-88.

［11］辛儒鸿,曾坚,梁晨.城市绿地休闲服务供需失衡关键区识别与规划干预优先级划分[J].地理学报,2023,78(3)：762-774.

［12］袁晓玲,郭一霖,王恒旭.中国城市发展质量的时空分异及其驱动因素[J].人文地理,2022,37(6)：129-138＋170.

［13］韦佳佳,王琪延.休闲与生活满意度研究[J].调研世界,2020(6)：38-42.

［14］刘士林.人民城市：理论渊源和当代发展[J].南京社会科学,2020(8)：66-72.

［15］徐爱萍,楼嘉军.中国城市休闲化区域差异及成因解读[J].世界地理研究,2019(6)：98-108.

［16］楼嘉军,李丽梅,杨勇.我国城市休闲化质量测度的实证研究[J].旅游科学,2012,26(5)：45-53.

第二部分

36个城市休闲化指标分析

第四章　36 个城市的休闲化 指标分析

第一节　城市类型的划分及其标准 和依据

改革开放以来,随着国民经济的大力发展和工业化进程的不断推进,我国的城镇化已经取得巨大成就,城市数量和规模都有了明显增长。2014 年 11 月 20 日,国务院发布了《关于调整城市规模划分标准的通知》,对原有城市规模划分标准进行了调整,明确了新的城市规模划分标准以城区常住人口为统计口径①,将城市划分为五类七档:城区常住人口 50 万以下的城市为小城市,其中 20 万以上 50 万以下的城市为Ⅰ型小城市,20 万以下的城市为Ⅱ型小城市;城区常住人口 50 万以上 100 万以下的城市为中等城市;城区常住人口 100 万以上 500 万以下的城市为大城市,其中 300 万以上 500 万以下的城市为Ⅰ型大城市,100 万以上 300 万以下的城市为Ⅱ型大城市;城区常住人口 500 万以上 1 000 万以下的城市为特大城市;城区常住人口 1 000 万以上的城市为超大城市。依据这一划分标准,可以将本报告研究对象的 36 个城市划分为以下五类城市,超大城市 8

---

① 常住人口:指全年经常在家或在家居住 6 个月以上,也包括流动人口在所在的城市居住。

个,特大城市 10 个,Ⅰ型大城市 12 个,Ⅱ型大城市 5 个,中等城市 1 个,见表 4-1。

表 4-1　36 个城市人口规模类型

城　　市	城区人口/万人	类　　型
上　海	2 475.89	超大城市
北　京	1 912.80	超大城市
深　圳	1 766.18	超大城市
重　庆	1 289.27	超大城市
广　州	756.91	特大城市
成　都	842.61	特大城市
天　津	1 165.40	超大城市
武　汉	713.90	特大城市
杭　州	709.00	特大城市
西　安	699.75	特大城市
郑　州	449.55	Ⅰ型大城市
南　京	657.31	特大城市
济　南	471.94	Ⅰ型大城市
合　肥	318.68	Ⅰ型大城市
沈　阳	475.00	Ⅰ型大城市
青　岛	456.10	Ⅰ型大城市
长　沙	520.51	特大城市
哈尔滨	399.89	Ⅰ型大城市
长　春	357.53	Ⅰ型大城市
南　宁	265.80	Ⅱ型大城市

城　　市	城区人口/万人	类　　型
昆　　明	466.45	Ⅰ型大城市
太　　原	315.20	Ⅰ型大城市
乌鲁木齐	234.21	Ⅱ型大城市
厦　　门	257.30	Ⅱ型大城市
大　　连	361.60	Ⅰ型大城市
宁　　波	224.72	Ⅱ型大城市
石　家　庄	349.41	Ⅰ型大城市
福　　州	250.70	Ⅱ型大城市
南　　昌	291.97	Ⅱ型大城市
兰　　州	199.92	Ⅱ型大城市
贵　　阳	219.50	Ⅱ型大城市
呼和浩特	152.49	Ⅱ型大城市
海　口　市	131.00	Ⅱ型大城市
银　川　市	138.07	Ⅱ型大城市
西　宁　市	135.16	Ⅱ型大城市
拉　萨　市	31.55	Ⅰ型小城市

第二节　超大城市休闲化指标分析

超大城市的城区常住人口规模在1 000万以上,符合这一标准的城市有上海、北京、深圳、重庆和天津,共5个。从城市所属区域看,上海、北京、深圳、天津4个城市位于东部地区,重庆位于西部地区。从城市行政级别看,在5个城市中,北京、上海、天津和重庆属于直辖市;深圳属于计划单列市。一般来说,城市规模越大,城市的休闲娱乐资源也更为丰富。本部分将分析这 5 个城市在 43 个指标属性方面呈现出来的特征。

一、上海

上海是我国重要的经济、交通、科技、工业、金融、会展和航运中心,也是国家历史文化名城,拥有深厚的近代城市文化底蕴和众多历史古迹,海纳百川的多元文化为上海休闲设施的多样性发展奠定了良好的文化基础,也为市民和游客提供了丰富的休闲消费活动。从数据分析上看,上海的各指标水平值区间在 0~5 之间,均值为 1.270 4,高于均值指标水平的指标有 15 个,占总数的 34.88%。具体是轨道交通客运量,限额以上住宿和餐饮业零售总额,剧场、影剧院个数,城市绿地面积,限额以上批发、零售、住宿和餐饮业企业个数,地区生产总值,社会消费品零售总额,博物馆数量,旅行社数量,批发、零售、住宿和餐饮业从业人数,入境旅游人数,国内旅游人数,公共汽车、电车客运量,国家 4A 级及以上景区数量,民用航空旅客发送量。其中限额以上住宿和餐饮业零售总额的指标水平值最高(4.431 3),其次是轨道交通客运量(4.240 9)。可以看出,上海在城市交通网络、休闲娱乐设施和住宿餐饮方面表现良好,对城市休闲化进程起到推进作用。

低于均值水平的指标有 28 个,占指标总数的 65.11%。具体是星级饭店数量,公园个数,人均地区生产总值,国家重点文物保护单位数量,公共图书馆数量,文化馆数量,城市居民人均医疗保健消费支出,国家荣誉称号数,城市居民人均可支配收入,每百户城镇常住居民家庭年末家用电脑拥有量,城市居民家庭人均消费性支出,城市居民人均交通通信消费支出,每百户城镇常住居民家庭年末彩色电视机拥有量,城市居民人均教育文化娱乐服务消费支出,城市居民人均家庭设备用品及服务消费支出,城

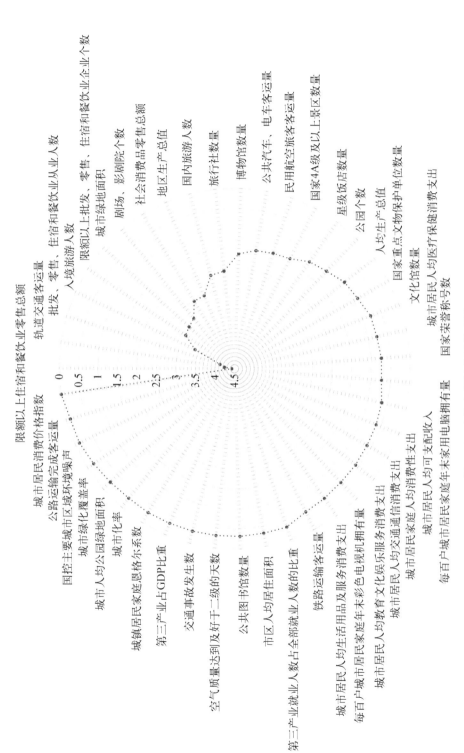

图 4-1　上海各指标水平排列图

市人均公园绿地面积,铁路运输客运量,第三产业就业人数占全部就业人数比重,空气质量达到及好于二级的天数,市区人均居住面积,第三产业占地区生产总值比重,交通事故发生数,城镇居民家庭恩格尔系数,城市化率,城市(建成区)绿化覆盖率,公路运输客运量,国控主要城市区域环境噪声,城市居民消费价格指数(以上一年为100)。从中可以发现,低于均值水平的指标主要体现在人均意义上的指标和文化设施规模方面,这说明上海在满足不同人群休闲需求的充分性和均衡性方面,还有待进一步提高。

从横向比较来看,上海43个指标有40个指标在36个城市排名中高于中位数,仅有3个指标在36个城市排名中低于中位数。其中,地区生产总值,社会消费品零售总额,住宿和餐饮业零售总额,限额以上批发、零售、住宿和餐饮业企业个数,轨道交通客运量,剧场、影剧院个数,旅行社数量,国内旅游人数,城市绿地面积,城市居民人均可支配收入,城市居民家庭人均消费性支出等11个指标在36个城市中排名第一,这说明上海经济发展、收入水平等在全国遥遥领先。需要特别指出的是,尽管上海的城市居民人均可支配收入和城市居民家庭人均消费性支出低于均值水平,但是在城市排名中却位列第一,说明此项指标整体排名良好。市区人均居住面积(第30名),城市(建成区)绿化覆盖率(第33名),城市人均公园绿地面积(第36名)等指标在36个城市中排名后十位,这说明上海的城市休闲化建设在环境绿化和居民生活幸福感方面有待提升。

二、北京

北京是我国的历史文化名城,也是我国政治、文化和国际交往中心,集中了全国性的优秀公共资源,拥有相当丰富的商业文化服务设施、便捷的交通网络和多元的文化旅游景观等。从数据分析上看,北京各个指标水平值区间在 0～5 之间,均值为 1.244 5,高于均值水平的指标有 17 个,占指标总数的 39.53%。具体是住宿和餐饮业零售总额,轨道交通客运量,剧场、影剧院个数,国家重点文物保护单位数量,博物馆数量,星级饭店数量,限额以上批发、零售、住宿和餐饮业企业个数,民用航空旅客发送量,地区生产总值,批发、零售、住宿和餐饮业从业人数,公共汽车、电车客运量,社会消费品零售总额,旅行社数量,城市绿地面积,公路运输客运量,国家 4A 级及以上景区数量,国内旅游人数。其中,指标水平最高的是批发、零售、住宿和餐饮业从业人数(3.888 8),其次是住宿和餐饮业零售总额(3.758 4)。从中可以看出,北京的交通、住宿、餐饮、文娱设施等发展规模较好,尤其是住宿、餐饮、文娱等设施条件,为北京提供了强大的市场空间和消费平台。

低于均值水平的指标有 26 个,占总指标数量的 60.47%。具体是公园个数,人均地区生产总值,城市人均公园绿地面积,城市居民人均医疗保健消费支出,入境旅游人数,公共图书馆数量,城市居民人均可支配收入,文化馆数量,城市居民人均家庭设备用品及服务消费支出,城市居民家庭人均消费性支出,国家荣誉称号数,每百户城镇常住居民家庭年末家用电脑拥有量,市区人均居住面积,城市居民人均交通通信消费支出,第三产业就业人数占全部就业人数比重,铁路运输客运量,城市居民人均教育文化娱乐服务消费支出,每百户城镇常住居民家庭年末彩色电视机拥有量,城镇居民家庭恩格尔系数,第三产业占地区生产总值比重,空气质量达到及好于二级的天数,城市化率,城市(建成区)绿化覆盖率,交通事故发生数,国控主要城市区域环境噪声,城市居民消费价格指数(以上一年为 100)。从中可以发现,低于均值水平的指标多为人均意义上的指标。这表明北京整体经济发展水平虽然较高,但是在人均消费水平、人均收入水平、人均绿化水平以及空气质量水平等方面还比较弱,是未来需要重点

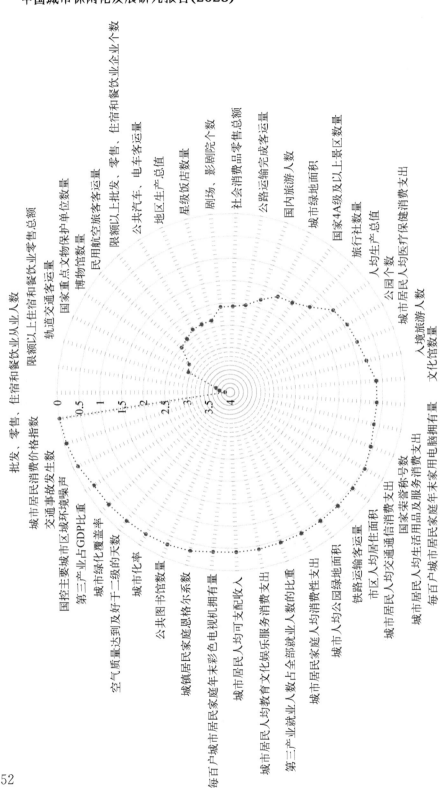

图 4-2 北京各指标水平排列图

予以关注和着力解决的发展短板。

从横向比较来看,北京 43 个指标有 35 个指标在 36 个城市排名中高于中位数,有 8 个指标在 36 个城市排名中低于中位数。其中,人均地区生产总值,第三产业就业人数占全部就业人数比重,公共汽车、电车客运量,博物馆数量,城市居民人均医疗保健消费支出等 5 个指标在 36 个城市中排名第一,这说明北京交通、第三产业发展、经济水平以及医疗水平在全国都处于前列。但是,空气质量达到及好于二级的天数(第 35 名),交通事故发生数(第 35 名)在 36 个城市中的竞争力稍显不足,这说明北京的城市休闲化建设仍需要继续提升环境质量、交通安全等指标水平。

三、深圳

深圳是我国经济特区、全国性经济中心城市和国际化城市,在中国高新技术产业、金融服务、外贸出口、海洋运输、创意文化等多方面占有重要地位。处于改革开放的前沿,具有制度性优势,外来移民较多,为城市休闲化水平发展奠定了坚实的基础。从数据分析上看,深圳各个指标水平值区间在 0~11 之间,均值为 1.122 7,高于均值水平的指标有 12 个,占指标总数的 27.9%。具体是公共图书馆数量,空气质量达到及好于二级的天数,公园个数,入境旅游人数,轨道交通客运量,限额以上批发、零售、住宿和餐饮业企业个数,城市绿地面积,地区生产总值,住宿和餐饮业零售总额,民用航空旅客发送量,公共汽车、电车客运量,社会消费品零售总额,旅行社数量,人均地区生产总值,公路运输客运量,国家 4A 级及以上景区数量,国内旅游人数。其中,指标水平最高的是公共图书馆数量(10.393 8),其次是入境旅游人数(4.298 4)。从中可以看出,深圳的入境旅游业、文化娱乐设施、交通客运设施、住宿餐饮业零售规模等指标水平较好,表明深圳比较注重国际旅游业发展和交通网络建设,推进了城市休闲化进程。

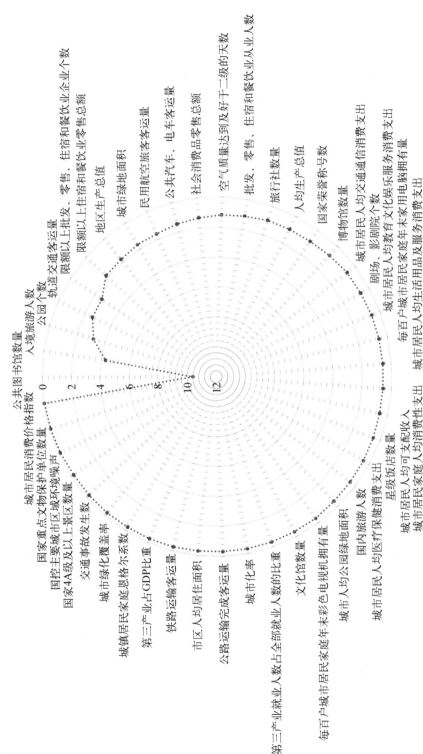

图 4－3 深圳各指标水平排列图

低于均值水平的指标有 31 个,占总数的 72.09％。具体是批发、零售、住宿和餐饮业从业人数,国家荣誉称号数,博物馆数量,城市居民人均交通通信消费支出,城市人均公园绿地面积,城市居民人均可支配收入,城市居民人均家庭设备用品及服务消费支出,城市居民家庭人均消费性支出,城市居民人均教育文化娱乐服务消费支出,每百户城镇常住居民家庭年末家用电脑拥有量,星级饭店数量,空气质量达到及好于二级的天数,国内旅游人数,城市居民人均医疗保健消费支出,市区人均居住面积,每百户城镇常住居民家庭年末彩色电视机拥有量,公共图书馆数量,第三产业就业人数占全部就业人数比重,公路运输客运量,文化馆数量,铁路运输客运量,剧场、影剧院个数,城市化率,第三产业占地区生产总值比重,城镇居民家庭恩格尔系数,交通事故发生数,城市(建成区)绿化覆盖率,国家 4A 级及以上景区数量,国控主要城市区域环境噪声,国家重点文物保护单位数量,城市居民消费价格指数(以上一年为 100)。从中可以发现,低于均值水平的指标主要是人均意义上的指标和城市居住环境,说明深圳在城市休闲化进程中,居民的休闲消费水平还需要进一步释放,文化服务设施、空气质量及噪声等也需继续加强优化。

从横向指标看,深圳 43 个指标有 33 个指标在 36 个城市排名中高于中位数,有 10 个指标在 36 个城市排名中低于中位数。其中,城市化率,公园个数等指标在 36 个城市中排名第一。而市区人均居住面积(第32 名),国家 4A 级及以上景区数量(第 33 名),国家重点文物保护单位数量(第 36 名)等指标在 36 个城市中排名后十位。从中可以发现,深圳城市化率与休闲旅游接待水平较高,但是由于深圳发展历史较短,相较而言文化底蕴不够深厚,导致城市休闲文化设施规模水平尚低。

四、重庆

重庆是中国西部地区唯一的直辖市,也是长江上游地区经济中心、金融中心和创新中心,中西部水、陆、空型综合交通枢纽。从数据结果上看,重庆各指标水平值区间在0～3,均值为0.857 0,高于均值水平的指标有18个,占指标总数的41.86%。具体是批发、零售、住宿和餐饮业从业人数,国家4A级及以上景区数量,公路运输客运量,国内旅游人数,社会消费品零售总额,博物馆数量,地区生产总值,限额以上批发、零售、住宿和餐饮业企业个数,公共图书馆数量,公园个数,公共汽车、电车客运量,文化馆数量,轨道交通客运量,国家重点文物保护单位数量,城市绿地面积,民用航空旅客发送量,国家荣誉称号数,星级饭店数量。其中,均值水平最高的是国家4A级及以上景区数量(2.564 0),其次是公共汽车、电车客运量(2.267 6)。从中可以看出,重庆在城市休闲化进程中,城市交通规模、休闲旅游接待和游客接待规模、文化设施、住宿餐饮业规模等指标发展优势较强,注重城市的旅游相关产业发展。

低于均值水平的指标有25个,占指标总数的58.14%。具体有住宿和餐饮业零售总额,旅行社数量,城市居民人均医疗保健消费支出,城市人均公园绿地面积,城市居民人均家庭设备用品及服务消费支出,人均地区生产总值,每百户城镇常住居民家庭年末彩色电视机拥有量,城市居民人均交通通信消费支出,空气质量达到及好于二级的天数,城市居民人均教育文化娱乐服务消费支出,每百户城镇常住居民家庭年末家用电脑拥有量,铁路运输客运量,入境旅游人数,城市居民家庭人均消费性支出,城市居民人均可支配收入,市区人均居住面积,第三产业就业人数占全部就业人数比重,城镇居民家庭恩格尔系数,第三产业占地区生产总值比重,剧场、影剧院个数,城市化率,城市(建成区)绿化覆

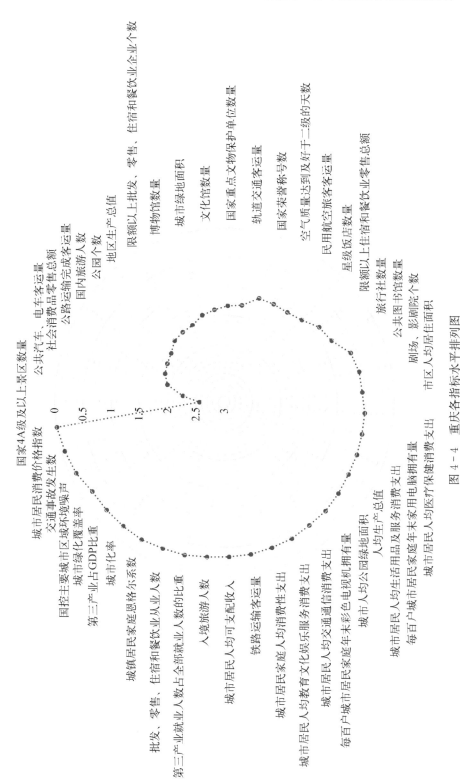

图4-4 重庆各指标水平排列图

率,国控主要城市区域环境噪声,交通事故发生数,城市居民消费价格指数(以上一年为100)。从中可以看出,重庆的城市绿化环境、空气质量与环境噪声、人均消费支出等指标发展较弱,说明重庆在发展旅游业的同时,也应注重本地居民的宜居环境,提高人均休闲消费水平。

从横向指标来看,重庆43个指标有28个指标在36个城市排名中高于中位数,有15个指标在36个城市排名中低于中位数。其中,文化馆数量,公共图书馆数量,国家4A级及以上景区数量等指标在36个城市中排名第一。而交通事故发生数(第32名),城镇居民家庭恩格尔系数(第33名)等指标排名靠后。从中可以看出,重庆的文化休闲设施规模、旅游设施规模等水平良好,说明重庆的休闲供给水平相对较强,而交通安全、消费能力等水平还需要优化提升。

五、天津

天津是我国四大直辖市之一,东临渤海,北依燕山,地理位置优越。近年来,伴随着京津冀城市群的快速发展,未来天津的城市发展潜力不容小觑。从数据分析上看,天津43个指标水平值区间在0~2,均值为0.527 3,高于均值水平的指标有21个,占指标总数的48.83%。具体是限额以上批发、零售、住宿和餐饮业企业个数,国内旅游人数,博物馆数量,国家荣誉称号数,地区生产总值,空气质量达到及好于二级的天数,城市绿地面积,公共汽车、电车客运量,城市居民人均医疗保健消费支出,国家4A级及以上景区数量,旅行社数量,人均地区生产总值,国家重点文物保护单位数量,住宿和餐饮业零售总额,剧场、影剧院个数,轨道交通客运量,文化馆数量,社会消费品零售总额,公路运输客运量,入境旅游人数。其中,指标水平值最高的是国内旅游人数(1.276 4),其次是限额以上批发、零售、住宿和餐饮业企业个数(1.244 9)。从中可以发

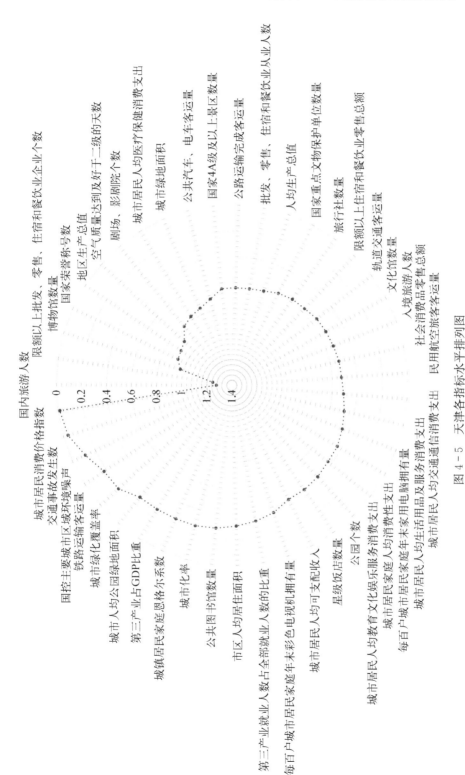

图4-5 天津各指标水平排列图

现，天津在城市休闲化进程中批发零售业和住宿餐饮业规模、文化娱乐设施规模、交通运输规模等发展良好，表明天津有健全的旅游基础设施，吸引力较强。低于均值水平的指标有22个，占指标总数的51.16％。具体有公共图书馆数量，城市人均公园绿地面积，城市居民人均交通通信消费支出，民用航空旅客发送量，城市居民人均家庭设备用品及服务消费支出，星级饭店数量，入境旅游人数，城市居民家庭人均消费性支出，城市居民人均可支配收入，每百户城镇常住居民家庭年末家用电脑拥有量，公园个数，城市居民人均教育文化娱乐服务消费支出，每百户城镇常住居民家庭年末彩色电视机拥有量，批发、零售、住宿和餐饮业从业人数，第三产业就业人数占全部就业人数比重，市区人均居住面积，第三产业占地区生产总值比重，城镇居民家庭恩格尔系数，城市化率，铁路运输客运量，城市（建成区）绿化覆盖率，国控主要城市区域环境噪声，交通事故发生数，城市居民消费价格指数（以上一年为100）。从中可以看出，天津的人均消费支出、空气质量、第三产业发展、城市绿化环境、城市化率等发展较弱，这说明天津需要进一步提升人均消费能力、空气和绿化环境质量等，从而更有利于户外休闲游憩活动的开展。

从横向指标来看，天津43个指标有32个指标在36个城市排名中高于中位数，有11个指标在36个城市排名中低于中位数。在36个城市中排名靠前的指标主要有公路运输完成量（第5名），城市居民人均医疗保健消费支出（第3名），文化馆数量（省、地市级＋县级）（第7名），而在36个城市中排名靠后的指标主要是交通事故发生数（第36名），城市人均公园绿地面积（第35名），市区人均居住面积（第33名）等。从中可以看出，天津的公路交通便利性、文化场馆规模水平较好，但是交通安全、居民休闲生活质量等指标水平尚低，这是未来城市休闲化优化建设需要注意的地方。

第三节　特大城市休闲化指标分析

特大城市的城区常住人口规模在 500 万以上 1 000 万以下,符合这一标准的城市有广州、成都、武汉、杭州、西安、南京、长沙等 7 个城市。从城市所属区域来看,有 3 个城市位于东部地区,有 2 个城市位于中部地区,有 2 个城市位于西部地区。从城市的行政级别来看,这 7 个城市均为省会城市。

一、广州

广州是国务院定位的国际大都市、国际商贸中心、国际综合交通枢纽、国家综合性门户城市、国家历史文化名城,联合国报告指出广州人类发展指数居中国第一。从数据结果上看,广州各个指标水平值区间在 0～6 之间,均值为 0.989 2,高于均值水平的指标有 13 个,占指标总数的 30.23%。具体是入境旅游人数,轨道交通客运量,城市绿地面积,民用航空旅客发送量,限额以上批发、零售、住宿和餐饮业企业个数,星级饭店数量,地区生产总值,公共汽车、电车客运量,社会消费品零售总额,批发、零售、住宿和餐饮业从业人数,空气质量达到及好于二级的天数,博物馆数量,公园个数。其中指标水平值最高的是入境旅游人数(5.406 5),其次是轨道交通客运量(3.374 4)。从中可以看出,广州在城市休闲化进程中,交通客运能力、国际旅游规模、住宿餐饮业发展优势明显。

低于均值水平的指标有 30 个,占指标总数的 69.76%。具体有公路运输客运量,城市人均公园绿地面积,住宿和餐饮业零售总额,旅行社数量,国家荣誉称号数,每百户城镇常住居民家庭年末家用电脑拥有

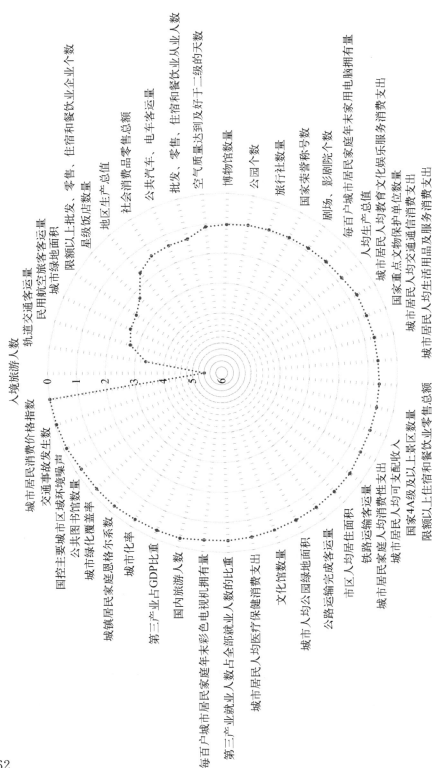

图 4-6 广州各指标水平排列图

量,人均地区生产总值,城市居民人均交通通信消费支出,城市居民人均家庭设备用品及服务消费支出,国家重点文物保护单位数量,城市居民人均教育文化娱乐服务消费支出,城市居民家庭人均消费性支出,铁路运输客运量,城市居民人均可支配收入,国家4A级及以上景区数量,市区人均居住面积,公共图书馆数量,城市居民人均医疗保健消费支出,文化馆数量,第三产业就业人数占全部就业人数比重,每百户城镇常住居民家庭年末彩色电视机拥有量,国内旅游人数,第三产业占地区生产总值比重,剧场、影剧院个数,城市化率,城镇居民家庭恩格尔系数,城市(建成区)绿化覆盖率,交通事故发生数,国控主要城市区域环境噪声,城市居民消费价格指数(以上一年为100)。从中可以看出,广州在城市休闲化进程中较弱的指标有居民人均消费支出水平、城市绿化环境、文化娱乐设施规模等,尚无法与广州国际化大都市相匹配,未能充分满足不同人群的休闲需求。

从横向指标来看,广州43个指标有35个指标在36个城市排名中高于中位数,有8个指标在36个城市排名中低于中位数。其中,民用航空旅客发送量,入境旅游人数,每百户城镇常住居民家庭年末家用电脑拥有量在36个城市中排名第一。而在36个城市中排名靠后的指标主要有交通事故发生数(第34名),城镇居民家庭恩格尔系数(第32名),国内旅游人数(第29名)等。从中可以看出,广州的国内外游客规模发展不平衡,居民消费能力也有待提升。

二、成都

成都地处川西盆地,河网纵横、物产丰富,自古享有"天府之国"的美誉,也是国家重要的高新技术产业基地、商贸物流中心和综合交通枢纽。成都的美食和旅游行业一直以来都是支撑成都经济发展的重要产业,每年都会吸引大批游客进入。从数据分析上看,成都各指标水平值区间在0~10,均值为0.9044,高于均值水平的指标有9个,占指标总数的20.93%。具体是铁路运输客运量,批发、零售、住宿和餐饮业从业人数,轨道交通客运量,民用航空旅客发送量,国内旅游人数,公共汽车、电车客运量,社会消费品零售总额,地区生产总值,国家4A级及以上景区数量。其中指标水平值最高的是铁路运输客运量(9.8505),其次是批发、零售、住宿和餐饮业从业人数(4.5853)。从中可以看出,成都在城市休闲化进程中,交通客运规模、住宿餐饮业规模、旅游接待规模和地区经济发展较好,体现了成都网红城市的特性。

低于均值水平的指标有34个,占指标总数的79.06%。具体有,博物馆数量旅行社数量,城市绿地面积,国家重点文物保护单位数量,公共图书馆数量,文化馆数量,限额以上批发、零售、住宿和餐饮业企业个数,入境旅游人数,星级饭店数量,国家荣誉称号数,人均地区生产总值,每百户城镇常住居民家庭年末家用电脑拥有量,城市居民人均可支配收入,城市居民人均交通通信消费支出,每百户城镇常住居民家庭年末彩色电视机拥有量,公路运输客运量,公园个数,城市居民人均教育文化娱乐服务消费支出,城市居民人均家庭设备用品及服务消费支出,城市居民家庭人均消费性支出,城市居民人均医疗保健消费支出,市区人均居住面积,城市人均公园绿地面积,空气质量达到及好于二级的天数,住宿和餐饮业零售总额,第三产业就业人数占全部就业人数比重,第三产业占地区生产总值比重,城镇居民家庭恩格尔系数,城市化率,交通事故发生数,城市(建成区)绿化覆盖率,剧场、影剧院个数,国控主要城市区域环境噪声,城市居民消费价格指数(以上一年为100)。从中可以看出,成都在城市休闲化进程中发展较弱的指标集中在文化娱乐接待设施、居民休闲消费水平、城市绿化环境等,说明成都的休闲城市建

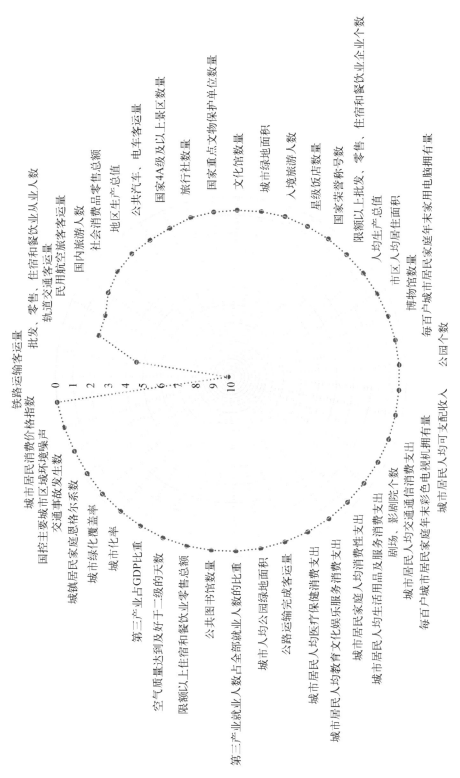

图4-7　成都各指标水平排列图

设质量与其拥有的资源优势之间的匹配性还不够紧密，在打造高品质的生活目标上仍需继续努力。

从横向指标来看，成都43个指标有26个指标在36个城市排名中高于中位数，有17个指标在36个城市排名中低于中位数。其中，铁路运输客运量在36个城市中排名第一，在36座城市中排名靠后的指标主要有城市人均公园绿地面积（第29名），空气质量达到及好于二级的天数（第34名），城镇居民家庭恩格尔系数（第32名），城市居民人均医疗保健消费支出（第32名）等。从中可以看出，成都的交通便利性较好，而城市环境水平需要进一步提升。

三、武汉

武汉因其特殊的地理位置，是全国重要的水陆空综合交通枢纽，也是承东启西、接南转北的国家地理中心，历来有九省通衢之称。同时武汉也是中国重要的科研教育基地，其高等院校、科研院所数仅次于北京、上海，居全国城市第三。从数据分析上看，武汉各个指标水平值区间在0～2之间，均值为0.573 9，高于均值水平的指标有15个，占指标总数的34.88%。具体是国内旅游人数，入境旅游人数，博物馆数量，地区生产总值，轨道交通客运量，国家荣誉称号数，社会消费品零售总额，人均地区生产总值，国家重点文物保护单位数量，公共汽车、电车客运量，批发、零售、住宿和餐饮业从业人数，住宿和餐饮业零售总额，铁路运输客运量，限额以上批发、零售、住宿和餐饮业企业个数，每百户城镇常住居民家庭年末家用电脑拥有量。其中指标水平值最高的是国内旅游人数（1.932 9），其次是入境旅游人数（1.761 7）。从中可以看出，武汉的综合交通枢纽优势明显，轨道交通客运量，公共汽车、电车客运量，铁路运输客运量等指标排名靠前，城市内外交通运输量均衡发展。此外，

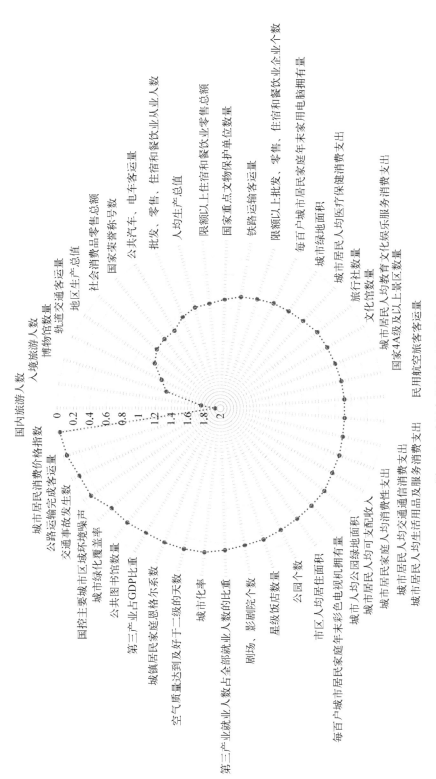

图 4－8　武汉各指标水平排列图

博物馆、公共图书馆等文化场所数量、国内外旅游规模等发展较好,说明武汉的交通运输业、旅游业和文化业优势明显。

低于均值水平的指标有 28 个,占指标总数的 65.11%。具体有城市绿地面积,城市人均公园绿地面积,公共图书馆数量,城市居民人均医疗保健消费支出,旅行社数量,文化馆数量,国家 4A 级及以上景区数量,城市居民人均交通通信消费支出,城市居民人均可支配收入,城市居民人均家庭设备用品及服务消费支出,城市居民人均教育文化娱乐服务消费支出,城市居民家庭人均消费性支出,市区人均居住面积,入境旅游人数,每百户城镇常住居民家庭年末彩色电视机拥有量,星级饭店数量,空气质量达到及好于二级的天数,民用航空旅客发送量,第三产业就业人数占全部就业人数比重,公园个数,第三产业占地区生产总值比重,城镇居民家庭恩格尔系数,城市化率,城市(建成区)绿化覆盖率,剧场、影剧院个数,交通事故发生数,国控主要城市区域环境噪声,公路运输客运量,城市居民消费价格指数(以上一年为 100)。从中可以看出,武汉在城市休闲化进程中,居民人均消费支出、城市绿化环境、空气质量等指标水平还较弱,需要继续加强以提升居民休闲生活获得感。

从横向指标看,武汉 43 个指标有 31 个指标在 36 个城市排名中高于中位数,有 12 个指标在 36 个城市排名中低于中位数。在 36 个城市中排名靠前的指标主要是国内旅游人数(第 2 名),入境旅游人数(第 4 名),铁路运输客运量(第 2 名),博物馆数量(第 6 名)。在 36 个城市中排名靠后的指标主要有空气质量达到及好于二级的天数(第 36 名),国控主要城市区域环境噪声(第 33 名),公路运输客运量(第 32 名)等。从中可以看出,作为全国重要的水陆空综合交通枢纽,武汉自身的地理位置和交通设施优势为国内外旅游的发展提供了良好条件。而武汉的空气质量需要进一步优化提升。

四、杭州

杭州地处长三角区域,是环杭州湾大湾区核心城市、沪嘉杭 G60 科创走廊中心城市,也是国际重要的电子商务中心,人文古迹众多,素有"人间天堂"之称。从数据分析上看,杭州各个指标水平值区间在 0～2,均值为 0.668 0,高于均值水平的指标有 19 个,占指标总数的 44.18%。具体是剧场、影剧院个数,限额以上批发、零售、住宿和餐饮业企业个数,博物馆数量,住宿和餐饮业零售总额,批发、零售、住宿和餐饮业从业人数,空气质量达到及好于二级的天数,旅行社数量,地区生产总值,轨道交通客运量,社会消费品零售总额,公园个数,城市居民人均交通通信消费支出,城市居民人均医疗保健消费支出,国家 4A 级及以上景区数量,人均地区生产总值,国家重点文物保护单位数量,星级饭店数量,公共汽车、电车客运量城市居民人均家庭设备用品及服务消费支出。从中可以看出,杭州在城市休闲化进程中,其文化设施规模、批发零售业和住宿餐饮业规模、交通客运规模、旅游接待规模等方面发展较强,这源于杭州拥有深厚的文化底蕴和优越的自然风光,对外吸引力较强。

低于均值水平的有 24 个,占指标总数的 55.81%。具体有国内旅游人数,城市绿地面积,民用航空旅客发送量,每百户城镇常住居民家庭年末彩色电视机拥有量,市区人均居住面积,城市居民人均可支配收入,城市居民家庭人均消费性支出,国家荣誉称号数,城市居民人均教育文化娱乐服务消费支出,每百户城镇常住居民家庭年末家用电脑拥有量,公共图书馆数量,文化馆数量,城市人均公园绿地面积,铁路运输客运量,入境旅游人数,第三产业就业人数占全部就业人数比重,公路运输客运量,城镇居民家庭恩格尔系数,第三产业占地区生产总值比重,城市化率,城市(建成区)绿化覆盖率,交通事故发生数,国控主要城市

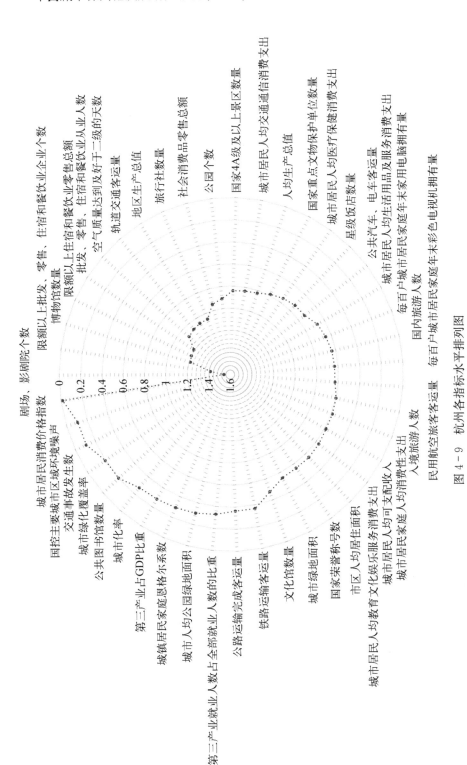

图 4 - 9　杭州各指标水平排列图

区域环境噪声,城市居民消费价格指数(以上一年为100)。从中可以看出,杭州在城市休闲化进程中,人均消费支出,城市生态环境,第三产业发展等方面竞争力较弱,表明杭州的城市休闲化建设质量与其拥有的资源优势之间还存在一定的差距,在推进高质量的城市休闲化建设方面还需要继续努力。

从横向指标来看,杭州43个指标有34个指标在36个城市排名中高于中位数,有9个指标在36个城市排名中低于中位数。在36个城市中排名靠前的指标主要有城市居民人均交通通信消费支出(第1名),城市居民家庭人均消费性支出(第2名),城市居民人均生活用品及服务消费支出(第2名),住宿和餐饮业零售总额(第4名),批发、零售、住宿和餐饮业从业人数(第5名)。在36个城市中排名靠后的指标主要有城市(建成区)绿化覆盖率(第31名),城市人均公园绿地面积(第31名)。从中可以看出,杭州的休闲消费水平较高,城市绿化水平还有待提高。

五、西安

西安是世界历史名城、中华文明和中华民族重要发祥地,是国家重要的科研、教育、工业基地,也是丝绸之路起点城市、“一带一路”倡议的核心区,拥有丰富的历史文化、教育资源,被评为中国最佳旅游目的地。从数据分析上看,西安43个指标水平值区间在0~2,均值为0.554 6,高于均值水平的指标有18个,占指标总数的41.86%。具体是博物馆数量,国内旅游人数,民用航空旅客发送量,轨道交通客运量,国家重点文物保护单位数量,空气质量达到及好于二级的天数,公共汽车、电车客运量,社会消费品零售总额,国家荣誉称号数,旅行社数量,城市绿地面积,入境旅游人数,地区生产总值,国家4A级及以上景区数量,星级饭店数量,城市居民人均医疗保健消费支出,限额以上批发、零售、住宿和餐饮业企业个数,剧场、影剧院个数。

从中可以看出,西安在城市休闲化进程中,表现较好的指标主要集中于文化设施规模、交通客运规模、旅游接待和设施规模,这充分体现了西安的文化底蕴浓厚,对外吸引力较强。

低于均值水平的指标有 25 个,占指标总数的 58.13%。具体有批发、零售、住宿和餐饮业从业人数,住宿和餐饮业零售总额,市区人均居住面积,公路运输客运量,公共图书馆数量,人均地区生产总值,文化馆数量,城市居民人均家庭设备用品及服务消费支出,公园个数,每百户城镇常住居民家庭年末家用电脑拥有量,城市居民人均教育文化娱乐服务消费支出,城市居民人均可支配收入,城市人均公园绿地面积,城市居民人均交通通信消费支出,城市居民家庭人均消费性支出,每百户城镇常住居民家庭年末彩色电视机拥有量,第三产业就业人数占全部就业人数比重,城镇居民家庭恩格尔系数,第三产业占地区生产总值比重,铁路运输客运量,城市化率,城市(建成区)绿化覆盖率,交通事故发生数,国控主要城市区域环境噪声,城市居民消费价格指数(以上一年为 100)。从中可以看出,西安在城市休闲化进程中发展较弱的指标主要集中在人均休闲消费支出、餐饮住宿业规模、第三产业发展、城市环境等方面。这说明西安在休闲支出与投入方面均有所欠缺,需加强城市的生态文明建设和休闲服务设施建设。

从横向指标来看,西安 43 个指标有 25 个指标在 36 个城市排名中高于中位数,有 18 个指标在 36 个城市排名中低于中位数。在 36 个城市中排名靠前的指标主要有博物馆数量(第 2 名),国内旅游人数(第 5 名),国家重点文物保护单位数量(第 6 名)。在 36 个城市中排名靠后的指标主要有城市居民人均交通通信消费支出(第 32 名),城市居民家庭人均消费性支出(第 30 名)。从中可以发现,西安的休闲旅游设施规模较好,但城市居民休闲消费水平还有待提升。

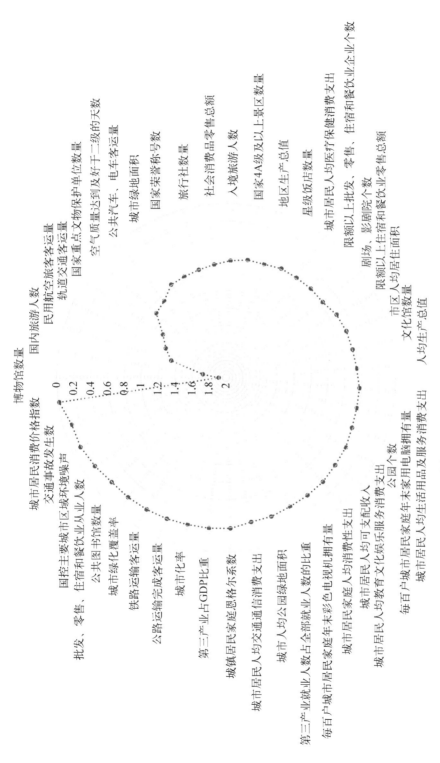

图 4-10　西安各指标水平排列图

六、南京

南京是长江国际航运物流中心,是长三角辐射带动中西部地区发展的国家重要门户城市,有"六朝古都""十朝都会"之称。从数据分析上看,南京各个指标水平值区间在0~2,均值为0.618 4,高于均值水平的指标有18个,占指标总数的41.86%。具体是城市绿地面积,剧场、影剧院个数,轨道交通客运量,国家重点文物保护单位数量,社会消费品零售总额,博物馆数量,限额以上批发、零售、住宿和餐饮业企业个数,地区生产总值,人均地区生产总值,批发、零售、住宿和餐饮业从业人数,住宿和餐饮业零售总额,城市居民人均教育文化娱乐服务消费支出,民用航空旅客发送量,国内旅游人数,旅行社数量,国家荣誉称号数,每百户城镇常住居民家庭年末家用电脑拥有量,公共汽车、电车客运量。从中可以看出,南京在城市休闲化进程中,在交通客运规模、文化娱乐规模、住宿餐饮业规模等方面优势明显,表明南京的休闲相关产业供给能力相对较强。

低于均值水平的指标有25个,占指标总数的58.13%。具体有城市人均公园绿地面积,市区人均居住面积,城市居民人均可支配收入,城市居民人均交通通信消费支出,城市居民人均家庭设备用品及服务消费支出,每百户城镇常住居民家庭年末彩色电视机拥有量,公共图书馆数量,国家4A级及以上景区数量,城市居民人均医疗保健消费支出,城市居民家庭人均消费性支出,公园个数,文化馆数量,入境旅游人数,公路运输客运量,星级饭店数量,第三产业就业人数占全部就业人数比重,空气质量达到及好于二级的天数,交通事故发生数,铁路运输客运量,城镇居民家庭恩格尔系数,第三产业占地区生产总值比重,城市化率,城市(建成区)绿化覆盖率,国控主要城市区域环境噪声,城市居民消费价格指数(以上一年为100)。从中可以看出,南京在交通客运规模、旅游接待设施和规

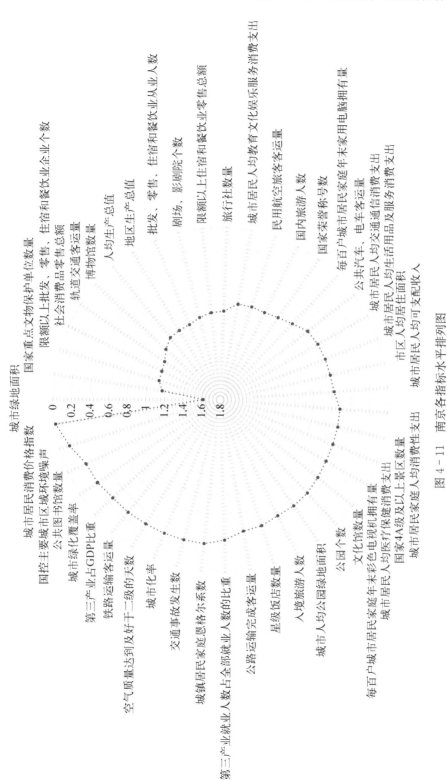

图 4-11　南京各指标水平排列图

模、城市绿化环境、空气质量等方面发展还有待提升。

从横向指标来看,南京 43 个指标有 39 个指标在 36 个城市排名中高于中位数,有 4 个指标在 36 个城市排名中低于中位数。在 36 个城市中排名靠前的指标主要有城市居民人均教育文化娱乐服务消费支出(第 2名),每百户城市居民家庭年末家用电脑拥有量(第 3 名),城市(建成区)绿化覆盖率(第 4 名),城市绿地面积(第 4 名)。在 36 个城市中排名靠后的指标主要有空气质量达到及好于二级的天数(第 33 名)。从中可以看出,南京城市休闲化进程中,表现较好的指标主要是休闲消费水平和城市绿化环境,而城市空气质量有待优化和提升。

七、长沙

长沙是长江经济带重要的节点城市,有"屈贾之乡""潇湘洙泗"之称,是首批国家历史文化名城,存有马王堆汉墓、铜官窑等历史遗迹。从数据结果上看,长沙各个指标水平值区间在 0~1.5,均值为 0.473 1,高于均值水平的指标有 21 个,占指标总数的 48.83%。具体是剧场、影剧院个数,国内旅游人数,城市居民人均教育文化娱乐服务消费支出,民用航空旅客发送量,地区生产总值,人均地区生产总值,国家荣誉称号数,城市居民人均家庭设备用品及服务消费支出,城市居民人均医疗保健消费支出,社会消费品零售总额,市区人均居住面积,轨道交通客运量,国家重点文物保护单位数量,城市居民人均交通通信消费支出,旅行社数量,每百户城镇常住居民家庭年末家用电脑拥有量,公园个数,城市居民家庭人均消费性支出,城市居民人均可支配收入,限额以上批发、零售、住宿和餐饮业企业个数,公共汽车、电车客运量。从中可以看出,长沙在城市休闲化进程中,人均消费支出、旅游接待规模、娱乐设施规模等竞争力较强,体现了长沙休闲娱乐产业体系的成熟与完善。

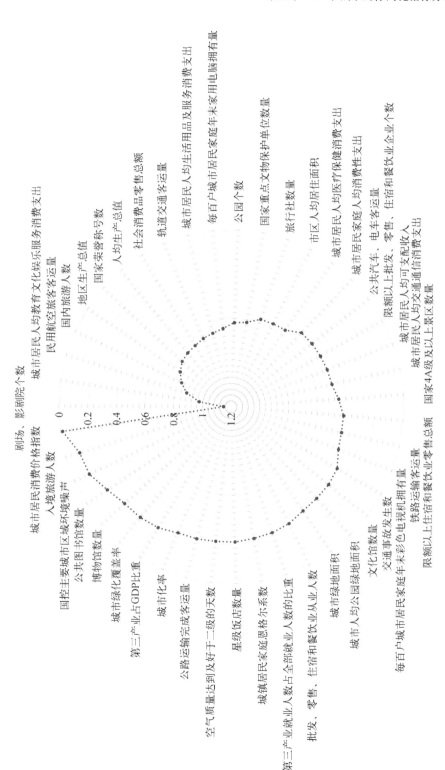

图4-12 长沙各指标水平排列图

低于均值水平的指标有 22 个,占指标总数的 51.16%。具体有交通事故发生数,国家 4A 级及以上景区数量,铁路运输客运量,住宿和餐饮业零售总额,公共图书馆数量,城市绿地面积,每百户城镇常住居民家庭年末彩色电视机拥有量,空气质量达到及好于二级的天数,公路运输客运量,文化馆数量,博物馆数量,城市人均公园绿地面积,第三产业就业人数占全部就业人数比重,城镇居民家庭恩格尔系数,星级饭店数量,第三产业占地区生产总值比重,城市化率,城市(建成区)绿化覆盖率,批发、零售、住宿和餐饮业从业人数,入境旅游人数,国控主要城市区域环境噪声,城市居民消费价格指数(以上一年为 100)。从中可以看出,长沙在城市休闲化进程中,发展竞争力较弱的指标主要是文化设施规模、空气与环境绿化、交通客运规模等,这表明长沙的休闲产业供给能力和对外吸引力还有待加强。

从横向指标来看,长沙 43 个指标有 30 个指标在 36 个城市排名中高于中位数,有 13 个指标在 36 个城市排名中低于中位数。在 36 个城市中排名靠前的指标主要有城市居民人均生活用品及服务消费支出(第 1名),城市居民人均教育文化娱乐服务消费支出(第 1 名),剧场/影剧院个数(第 5 名),每百户城市居民家庭年末家用电脑拥有量(第 4 名)。在 36个城市中排名靠前的指标主要有星级饭店数量(第 30 名),空气质量达到及好于二级的天数(第 32 名)。从中可以看出,长沙的人均消费类、文化设施规模类指标发展优势显著,但是空气质量、旅游接待能力等还有待提升,未来长沙在城市休闲化发展中,应进一步提升城市吸引力。

第四节　Ⅰ型大城市休闲化指标分析

城区常住人口规模在 300 万以上 500 万以下的城市为Ⅰ型大城市,符合这一标准的城市有郑州、济南、合肥、沈阳、青岛、哈尔滨、长春、昆明、太原、大连、石家庄 11 个城市。从城市区域分布看,东部城市有济南、沈阳、青岛、大连 4 个城市,中部城市有郑州、合肥、哈尔滨、长春、太原、石家庄 6 个城市,西部城市有昆明 1 个城市;从城市行政区划级别看,11 个城市中除青岛、大连是计划单列市,其他皆为省会城市。

一、郑州

郑州是华夏文明的重要发祥地,也是全国重要的铁路、航空、电力、邮政电信主枢纽城市。从数据结果上看,郑州各个指标水平值区间在 0～2,均值为 0.486 3,高于均值水平的指标有 17 个,占指标总数的 39.53%。具体是国家重点文物保护单位数量,国内旅游人数,国家荣誉称号数,地区生产总值,社会消费品零售总额,入境旅游人数,空气质量达到及好于二级的天数,博物馆数量,公共汽车、电车客运量,限额以上批发、零售、住宿和餐饮业企业个数,公共图书馆数量,人均地区生产总值,市区人均居住面积,轨道交通客运量,公园个数,城市绿地面积,批发、零售、住宿和餐饮业从业人数,城镇居民家庭恩格尔系数。从中可以看出,郑州的文化设施规模、批发零售和住宿餐饮业规模、交通客运规模等发展良好,这与郑州本身丰富的文化资源和通达的交通网络密不可分。

低于均值水平的指标有 26 个,占指标总数的 60.46%。具体有城市人均公园绿地面积,城市居民人均医疗保健消费支出,星级饭店数量,文化馆数量,每百户城镇常住居民家庭年末家用电脑拥有量,住宿和餐饮业零售总额,国家 4A 级及以上景区数量,每百户城镇常住居民家庭年末彩色电视机拥有量,城市居民人均可支配收入,旅行社数量,城市居民人均家庭设备用品及服务消费支出,城市居民家庭人均消费性支出,城市居民人均教育文化娱乐服务消费支出,城市居民人均交通通信消费支出,第三产业就业人数占全部就业人数比重,铁路运输客运量,第三产业占地区生

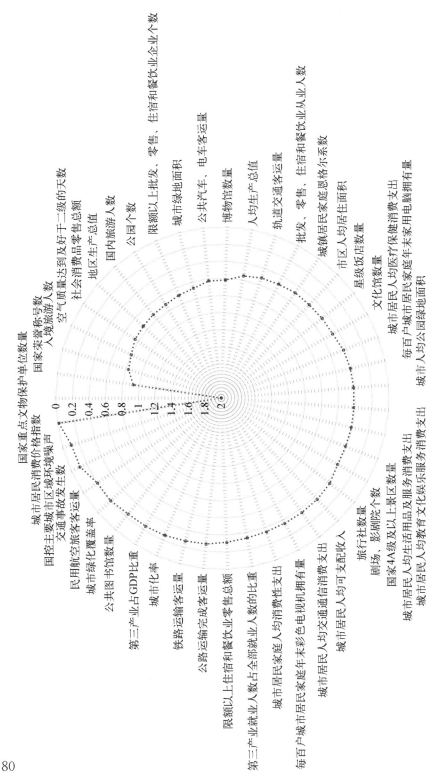

图 4－13　郑州各指标水平排列图

产总值比重,民用航空旅客发送量,城市化率,公路运输客运量,城市(建成区)绿化覆盖率,剧场、影剧院个数,交通事故发生数,国控主要城市区域环境噪声,城市居民消费价格指数(以上一年为100)。从中可以看出,郑州在城市休闲化进程中,人均消费支出、旅游接待设施、城市绿化环境和第三产业发展等指标水平还相对较弱,这说明郑州在旅游接待服务、城市生态文明等方面需要进一步加强,提高城市的吸引力。

从横向指标来看,郑州43个指标有23个指标在36个城市排名中高于中位数,有20个指标在36个城市排名中低于中位数。在36个城市中排名靠前的指标主要有国家重点文物保护单位数量(第3名),入境旅游人数(第6名),公园个数(第8名)。在36个城市中排名靠后的指标主要有城市居民家庭人均消费性支出(第31名),民用航空旅客客运量(第34名)。从中可以看出,郑州的文化设施规模有一定的优势,但居民消费水平、城市对外吸引力还有待进一步提升。

二、济南

济南地处中国华东地区,是环渤海经济区和京沪经济轴上的重要交汇点,华东地区重要的交通枢纽之一。境内泉水众多,拥有"山、泉、湖、河、城"独特风貌,是国家历史文化名城、首批中国优秀旅游城市。从数据结果上看,济南各个指标水平值区间在0~1.5,均值为0.452 7,高于均值水平的指标有21个,占指标总数的48.83%。具体有旅行社数量,限额以上批发、零售、住宿和餐饮业企业个数,空气质量达到及好于二级的天数,剧场、影剧院个数,国家荣誉称号数,铁路运输客运量,社会消费品零售总额,人均地区生产总值,地区生产总值,国家重点文物保护单位数量,城市居民人均家庭设备用品及服务消费支出,公共汽车、电车客运量,星级饭店数量,城市居民人均交通通信消费支出,城市居民人均医疗保健消费支

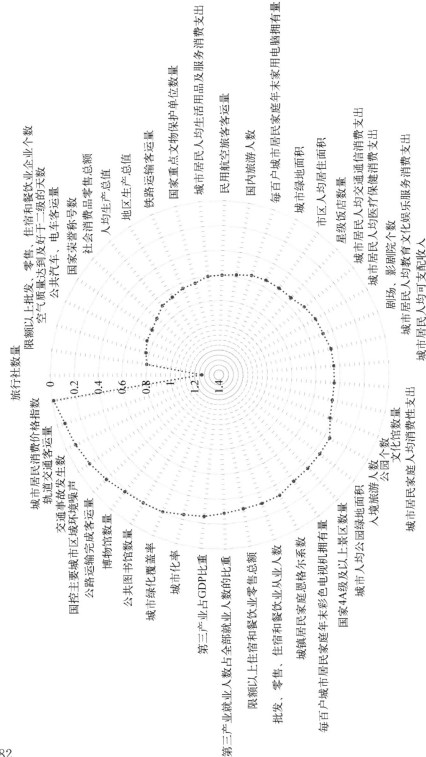

图 4-14 济南各指标水平排列图

出,民用航空旅客发送量,市区人均居住面积,城市绿地面积,城市居民人均教育文化娱乐服务消费支出,城市人均公园绿地面积,国内旅游人数,每百户城镇常住居民家庭年末家用电脑拥有量,城市居民家庭人均消费性支出。从中可以看出,济南在城市休闲化进程中,旅游设施规模、交通客运规模、人均休闲消费支出、文化设施规模等竞争力较强,这说明济南注重城市的文化建设与休闲娱乐产品供给,能够满足人们的休闲文化娱乐需求。

低于均值水平的指标有 22 个,占指标总数的 51.16%。具体有公共图书馆数量,城市居民人均可支配收入,文化馆数量,国家 4A 级及以上景区数量,每百户城镇常住居民家庭年末彩色电视机拥有量,城镇居民家庭恩格尔系数,公园个数,第三产业就业人数占全部就业人数比重,入境旅游人数,第三产业占地区生产总值比重,住宿和餐饮业零售总额,城市化率,博物馆数量,城市(建成区)绿化覆盖率,批发、零售、住宿和餐饮业从业人数,交通事故发生数,国控主要城市区域环境噪声,公路运输客运量,轨道交通客运量,城市居民消费价格指数(以上一年为 100)。从中可以看出,济南在城市休闲化进程中发展较弱的指标有城市生态环境、第三产业发展、旅游接待规模等,反映出济南在城市休闲化进程中需要着力提升生态和产业发展环境。

从横向指标来看,济南 43 个指标有 25 个指标在 36 个城市排名中高于中位数,有 18 个指标在 36 个城市排名中低于中位数。在 36 个城市中排名靠前的指标主要有城市居民人均生活用品及服务消费支出(第 8名),每百户城市居民家庭年末家用电脑拥有量(第 12 名)。在 36 个城市中排名靠后的指标主要有第三产业就业人数占全部就业人数的比重(第30 名),轨道交通客运量(第 28 名)。从中可以看出,在 36 座城市中,济南城市休闲化水平表现较好的指标主要是消费,而产业结构、轨道交通的表现一般,在未来发展中应提高城市的基础设施水平,吸引人口流入。

三、合肥

合肥是一座具有两千多年历史的古城,文化底蕴深厚。近年来,在长三角区域一体化发展战略推动下,发展速度较快,国家重要的科研教育基地、现代制造业基地和综合交通枢纽。从数据结果上看,合肥各个指标水平值区间在 0~1.5,均值为 0.390 8,高于均值水平的指标有 20 个,占指标总数的 46.51%。具体有空气质量达到及好于二级的天数,剧场、影剧院个数,限额以上批发、零售、住宿和餐饮业企业个数,社会消费品零售总额,国内旅游人数,地区生产总值,人均地区生产总值,博物馆数量,城市居民人均交通通信消费支出,国家荣誉称号数,国家 4A 级及以上景区数量,批发、零售、住宿和餐饮业从业人数,民用航空旅客发送量,住宿和餐饮业零售总额,每百户城镇常住居民家庭年末家用电脑拥有量,城市居民人均教育文化娱乐服务消费支出,城市居民人均可支配收入,公共汽车、电车客运量,每百户城镇常住居民家庭年末彩色电视机拥有量,城市居民家庭人均消费性支出。从中可以看出,合肥在城市休闲化进程中表现较好的有休闲设施规模、住宿餐饮业规模、人均消费支出等,这说明合肥的休闲产业供给与居民休闲消费需求相对匹配。

低于均值水平的指标有 23 个,占指标总数的 53.48%。具体有市区人均居住面积,城市人均公园绿地面积,城市绿地面积,文化馆数量,公路运输客运量,城市居民人均家庭设备用品及服务消费支出,公共图书馆数量,轨道交通客运量,旅行社数量,星级饭店数量,城市居民人均医疗保健消费支出,城镇居民家庭恩格尔系数,第三产业占地区生产总值比重,第三产业就业人数占全部就业人数比重,铁路运输客运量,城市化率,公园个数,国家重点文物保护单位数量,交通事故发生数,城市(建成区)绿化

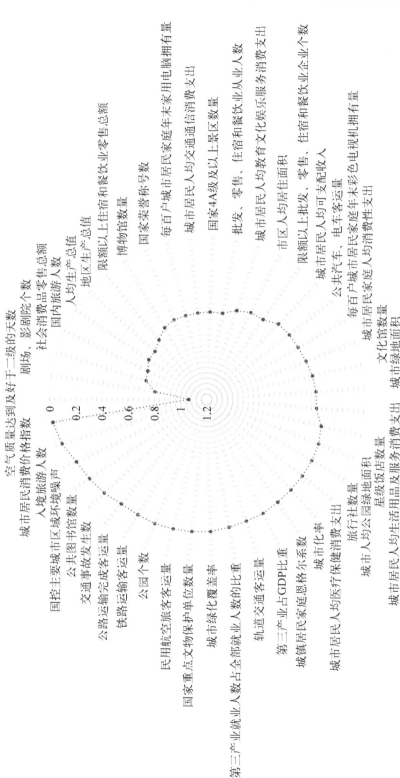

图 4 - 15　合肥各指标水平排列图

覆盖率,国控主要城市区域环境噪声,入境旅游人数,城市居民消费价格指数(以上一年为100)。从中可以看出,合肥在城市休闲化进程中表现较弱的指标有交通客运规模、文化设施规模、第三产业发展、入境旅游接待规模等方面。说明合肥的文化供给能力还相对不强、商业业态等还不够充分,对外吸引力还有待提升。

从横向指标来看,合肥43个指标有19个指标在36个城市排名中高于中位数,有24个指标在36个城市排名中低于中位数。在36个城市中排名靠前的指标主要有城市(建成区)绿化覆盖率(第8名),城市居民人均交通通信消费支出(第9名),城市居民人均教育文化娱乐服务消费支出(第10名)。在36个城市中排名靠前的指标主要有民用航空旅客客运量(第33名),国控主要城市区域环境噪声(第34名)。从中可以看出,在36座城市中,合肥城市休闲化水平较好的指标主要是绿化环境和居民消费,而较弱的指标主要是长距离的交通能力和城市声环境,未来合肥需要在城市休闲供给质量下继续下功夫,以提升城市的吸引力和舒适性。

四、沈阳

沈阳是中国最重要的以装备制造业为主的重工业基地,也是国家历史文化名城,历史悠久,文化底蕴深厚。从数据结果上看,沈阳各个指标水平值区间在0~1.5,均值为0.390 3,高于均值水平的指标有19个,占指标总数的44.18%。具体是空气质量达到及好于二级的天数,剧场、影剧院个数,公共汽车、电车客运量,城市居民人均交通通信消费支出,每百户城镇常住居民家庭年末家用电脑拥有量,国家荣誉称号数,城市居民人均家庭设备用品及服务消费支出,社会消费品零售总额,城市人均公园绿地面积,星级饭店数量,市区人均居住面积,文化馆数量,城市居民人均医疗保健消费支出,人均地区生产总值,城市绿地面积,国内旅游人数,城市居

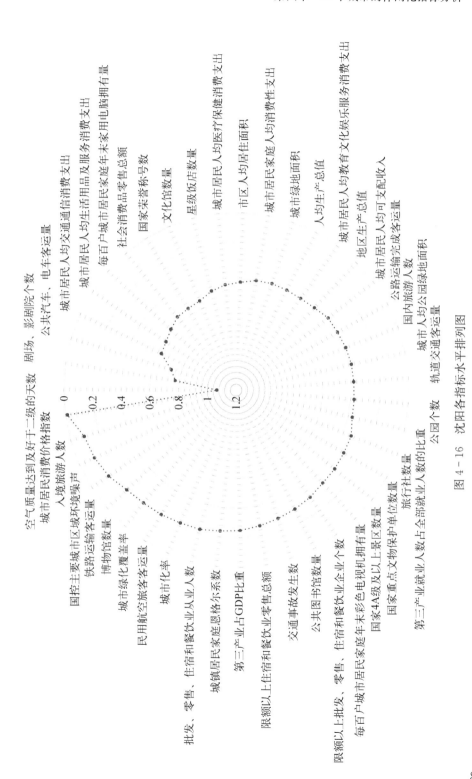

图 4 - 16 沈阳各指标水平排列图

民家庭人均消费性支出,地区生产总值,城市居民人均教育文化娱乐服务消费支出,城市居民人均可支配收入,公路运输客运量。从中可以看出,沈阳在城市休闲化进程中,休闲设施规模、交通客运规模、人均消费支出、生态环境等指标发展良好,反映出沈阳的休闲设施建设和生态环境建设相对较好,能够满足本地居民的休闲娱乐需求。

低于均值水平的指标有 24 个,占指标总数的 55.81%。具体有轨道交通客运量,公园个数,公共图书馆数量,旅行社数量,第三产业就业人数占全部就业人数比重,住宿和餐饮业零售总额,交通事故发生数,国家重点文物保护单位数量,国家 4A 级及以上景区数量,限额以上批发、零售、住宿和餐饮业企业个数,博物馆数量,每百户城镇常住居民家庭年末彩色电视机拥有量,第三产业占地区生产总值比重,城镇居民家庭恩格尔系数,城市化率,民用航空旅客发送量,城市(建成区)绿化覆盖率,铁路运输客运量,批发、零售、住宿和餐饮业从业人数,入境旅游人数,国控主要城市区域环境噪声,城市居民消费价格指数(以上一年为 100)。从中可以看出,在沈阳城市休闲化进程中,第三产业发展、住宿餐饮业规模、旅游接待规模等方面发展较弱,这说明尽管长沙居民休闲娱乐需求旺盛,但是在产业供给上还相对单一,城市对外吸引力需要进一步加强。

从横向指标来看,沈阳 43 个指标有 19 个指标在 36 个城市排名中高于中位数,有 24 个指标在 36 个城市排名中低于中位数。在 36 个城市中排名靠前的指标主要有城市居民人均生活用品及服务消费支出(第 6 名),城市居民人均交通通信消费支出(第 5 名),公共图书馆数量(第 7 名),文化馆数量(第 8 名)。在 36 个城市中排名靠后的指标主要有民用航空旅客客运量(第 32 名),每百户城市居民家庭年末彩色电视机拥有量(第 31 名),城市化率(第 32 名)。从中可以看出,在 36 座城市中,沈阳的城市休闲化表现较好的指标主要是居民消费水平和文化设施规模,而表现较弱的指标是长距离的交通能力和城市化水平,说明沈阳要提升城市休闲化水平需要在城市吸引力上下功夫。

五、青岛

青岛是中国五大计划单列市之一,也被评为中国最具幸福感城市,该市最大的优势是海洋资源,同时拥有中国第一家以啤酒为主题的博物馆。从数据分析上看,青岛各个指标水平值区间在 0～2,均值为 0.517 8,高于均值水平的指标有 18 个,占指标总数的 41.86%。具体有博物馆数量,国家荣誉称号数,空气质量达到及好于二级的天数,剧场、影剧院个数,地区生产总值,社会消费品零售总额,城市绿地面积,入境旅游人数,公共汽车、电车客运量,人均地区生产总值,限额以上批发、零售、住宿和餐饮业企业个数,旅行社数量,城市居民人均交通通信消费支出,民用航空旅客发送量,城市人均公园绿地面积,公园个数,星级饭店数量,城市居民人均家庭设备用品及服务消费支出,市区人均居住面积,国内旅游人数。从中可以看出,青岛在城市休闲化进程中,文化设施规模、交通客运规模、旅游接待服务等指标发展良好,这与青岛自身优良的自然资源与文化资源相关。

低于均值水平的指标有 25 个,占指标总数的 58.13%。具体有城市居民人均教育文化娱乐服务消费支出,城市居民家庭人均消费性支出,城市居民人均可支配收入,国家 4A 级及以上景区数量,城市居民人均医疗保健消费支出,公共图书馆数量,每百户城镇常住居民家庭年末家用电脑拥有量,文化馆数量,住宿和餐饮业零售总额,国家重点文物保护单位数量,每百户城镇常住居民家庭年末彩色电视机拥有量,第三产业就业人数占全部就业人数比重,城镇居民家庭恩格尔系数,第三产业占地区生产总值比重,轨道交通客运量,城市化率,交通事故发生数,城市(建成区)绿化

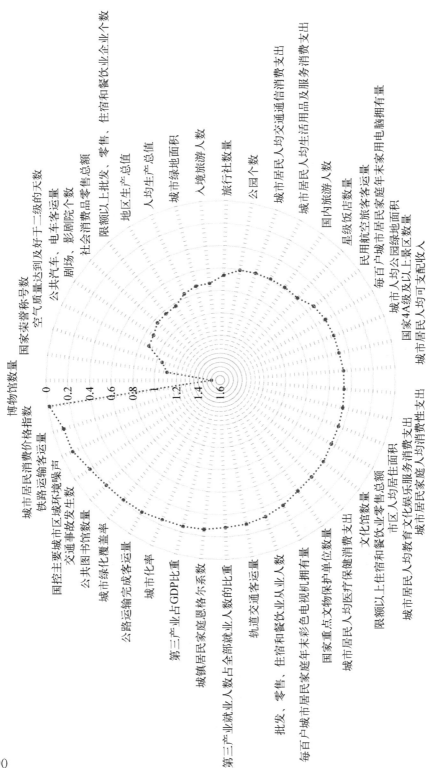

图 4 - 17 青岛各指标水平排列图

覆盖率,批发、零售、住宿和餐饮业从业人数,公路运输客运量,铁路运输客运量,国控主要城市区域环境噪声,城市居民消费价格指数(以上一年为100)。从中可以看出,青岛在城市休闲化进程中发展较弱的指标有人均消费支出、城市绿化环境、第三产业发展等,说明青岛本地居民的休闲旅游消费能力尚显不足,需要加强多元化休闲业态发展。

从横向指标来看,青岛43个指标有26个指标在36个城市排名中高于中位数,有17个指标在36个城市排名中低于中位数。在36个城市中排名靠前的指标主要有城市人均公园绿地面积(第2名),国家荣誉称号数(第3名),城市居民人均交通通信消费支出(第8名)。在36个城市中排名靠前的指标主要有国控主要城市区域环境噪声(第31名),城市居民人均医疗保健消费支出(第29名)。从中可以看出,青岛城市休闲化水平表现较好的指标主要是城市绿化环境和居民交通通信消费水平,而表现较弱的指标主要是城市声环境和医疗水平,反映出青岛需要提升居民生活质量,以促进城市休闲化水平。

六、哈尔滨

哈尔滨位于东北地区,是中国东北北部政治、经济、文化中心,被誉为亚欧大陆桥的明珠,荣获"中国最具竞争力区域金融中心城市""全国文化体制改革工作先进城市"等荣誉称号。从数据分析上看,哈尔滨各个指标水平值区间在0~3,均值为0.400 2,高于均值水平的指标有14个,占指标总数的32.56%。具体有国家重点文物保护单位数量,空气质量达到及好于二级的天数,剧场、影剧院个数,博物馆数量,文化馆数量,国家4A级及以上景区数量,城市居民人均医疗保健消费支出,公共图书馆数量,城市居民人均教育文化娱乐服务消费支出,公共汽车、电车客运量,城市居民人均交通通信消费支出,旅行社数量,每百户城镇常住居民家庭年末家用

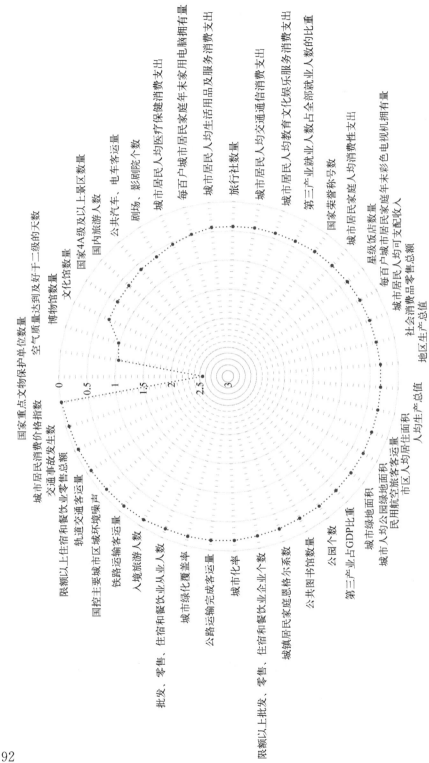

图 4-18 哈尔滨各指标水平排列图

电脑拥有量,城市居民人均家庭设备用品及服务消费支出,国内旅游人数。从中可以看出,哈尔滨在城市休闲化进程中发展良好的指标有文化设施规模、交通客运规模、旅游设施规模,这说明哈尔滨在休闲发展中较注重文化建设和旅游产业发展。

低于均值水平的有 29 个,占指标总数的 67.44%。具体有第三产业就业人数占全部就业人数比重,城市居民家庭人均消费性支出,国家荣誉称号数,每百户城镇常住居民家庭年末彩色电视机拥有量,城市居民人均可支配收入,星级饭店数量,公园个数,地区生产总值,社会消费品零售总额,人均地区生产总值,市区人均居住面积,城市人均公园绿地面积,民用航空旅客发送量,第三产业占地区生产总值比重,城市绿地面积,入境旅游人数,城镇居民家庭恩格尔系数,城市化率,限额以上批发、零售、住宿和餐饮业企业个数,城市(建成区)绿化覆盖率,铁路运输客运量,公路运输客运量,批发、零售、住宿和餐饮业从业人数,轨道交通客运量,国控主要城市区域环境噪声,住宿和餐饮业零售总额,交通事故发生数,城市居民消费价格指数(以上一年为 100)。从中可以看出,哈尔滨在城市休闲化进程中发展较弱的指标有人均消费支出、旅游接待规模、城市生态环境等,尽管旅游设施建设竞争力明显,但是在接待规模上却低于均值水平,说明哈尔滨在休闲发展中还需注重投入与产出之间的平衡。

从横向指标来看,哈尔滨 43 个指标有 13 个指标在 36 个城市排名中高于中位数,有 30 个指标在 36 个城市排名中低于中位数。在 36 个城市中排名靠前的指标主要有第三产业就业人数占全部就业人数的比重(第 4 名),文化馆数量(第 5 名),国家重点文物保护单位数量(第 2 名),国家 4A级以上景区数量(第 8 名)。在 36 个城市中排名靠后的指标主要有住宿和餐饮业零售总额(第 34 名),批发、零售、住宿和餐饮业从业人数(第 28名),交通事故发生数(第 33 名),城市(建成区)绿化覆盖率(第 35 名)。

从中可以看出,哈尔滨的文化设施规模有较好优势,但是商业零售、生态环境等水平需要加强,以提高城市居民休闲生活质量。

七、长春

长春是中国重要的工业基地、国家历史文化名城和全国综合交通枢纽,有"东方底特律"和"东方好莱坞"之称,具有众多历史古迹、工业遗产和文化遗存。从数据结果上看,长春各个指标水平值区间在0~1,均值为0.3498,高于均值水平的指标有20个,占指标总数的46.51%。具体有国家荣誉称号数,城市绿地面积,剧场、影剧院个数,城市居民人均医疗保健消费支出,国内旅游人数,公共汽车、电车客运量,市区人均居住面积,城市居民人均教育文化娱乐服务消费支出,人均地区生产总值,每百户城镇常住居民家庭年末家用电脑拥有量,文化馆数量,公园个数,地区生产总值,城市居民人均家庭设备用品及服务消费支出,博物馆数量,城市居民人均交通通信消费支出,民用航空旅客发送量,城市居民家庭人均消费性支出,国家4A级及以上景区数量,入境旅游人数。从中可以看出,长春在城市休闲化进程中发展良好的指标有文化设施规模、城市生态环境、人均消费支出等,这说明长春注重居民休闲环境建设,其休闲文化设施供给与消费需求之间匹配良好。

低于均值指标的有23个,占指标总数的53.48%。具体有公共图书馆数量,空气质量达到及好于二级的天数,城市居民人均可支配收入,城市人均公园绿地面积,每百户城镇常住居民家庭年末彩色电视机拥有量,第三产业就业人数占全部就业人数比重,城镇居民家庭恩格尔系数,社会消费品零售总额,国家重点文物保护单位数量,限额以上批发、零售、住宿和餐饮业企业个数,轨道交通客运量,旅行社数量,公路运输客运量,第三产业占地区生产总值比重,星级饭店数量,城市化率,城市(建成区)绿化

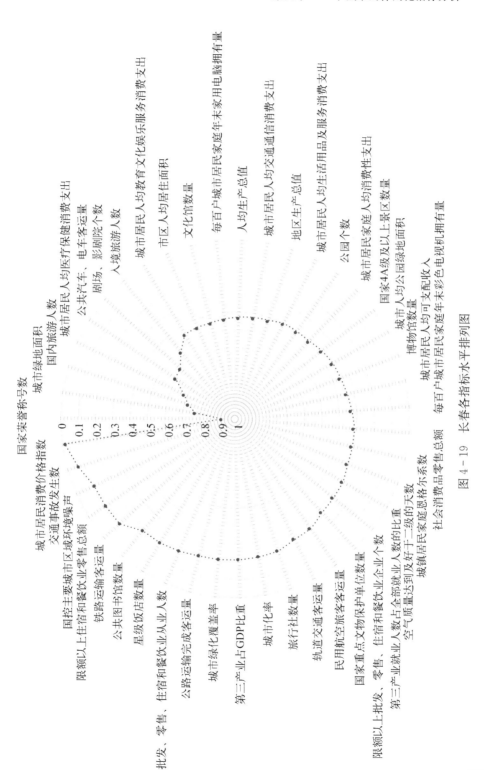

图 4-19　长春各指标水平排列图

覆盖率,铁路运输客运量,批发、零售、住宿和餐饮业从业人数,交通事故发生数,住宿和餐饮业零售总额,国控主要城市区域环境噪声,城市居民消费价格指数(以上一年为100)。从中可以看出,长春在城市休闲化进程中发展较弱的指标有第三产业发展、交通客运规模、住宿餐饮业规模等,这说明长春在城市休闲供给上仍需加强。

从横向指标来看,长春43个指标有10个指标在36个城市排名中高于中位数,有33个指标在36个城市排名中低于中位数。在36个城市中排名靠前的指标主要有城市绿地面积(第7名),国家荣誉称号数(第9名),城市居民人均医疗保健消费支出(第6名)。在36个城市中排名靠后的指标主要有第三产业占GDP比重(第33名),住宿和餐饮业零售总额(第33名),旅行社数量(第33名),星级饭店数量(第36名),空气质量达到及好于二级的天数(第30名)。从中可以看出,长春在经济基础、商业零售、休闲设施供给等方面在36个城市中稍显不足,在未来发展中应进一步加强经济建设,完善城市休闲化进程中的服务供给。

八、昆明

昆明地处中国西南地区、云贵高原中部,别称"春城",在气候、生态、物种多样性、民族多样性、历史文化、门户开放等方面有着独特的优势。从数据结果上看,昆明各个指标水平值区间在0~3,均值为0.529 2,高于均值水平的指标有12个,占指标总数的27.90%。具体有星级饭店数量,轨道交通客运量,公园个数,国内旅游人数,空气质量达到及好于二级的天数,国家荣誉称号数,剧场、影剧院个数,城市居民人均医疗保健消费支出,城市居民人均家庭设备用品及服务消费支出,每百户城镇常住居民家庭年末家用电脑拥有量,国家重点文物保护单位数量,文化馆数量。从中可以看出,昆明在城市休闲化进程中表现良好的指标有文化休闲设施规

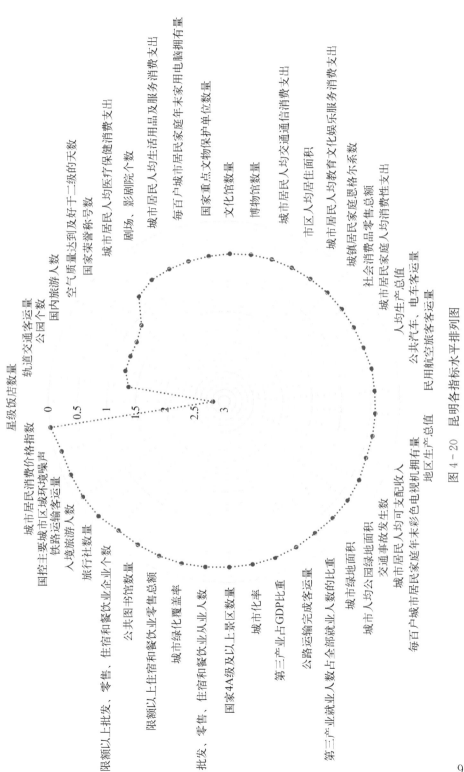

图 4－20 昆明各指标水平排列图

模、人均消费支出、旅游接待规模,这与昆明本身的环境条件与地理位置有密切关系。

低于均值水平的指标有 31 个,占指标总数的 72.09%。具体有城市居民人均交通通信消费支出,市区人均居住面积,公共图书馆数量,博物馆数量,城市居民人均教育文化娱乐服务消费支出,城市居民家庭人均消费性支出,城镇居民家庭恩格尔系数,公共汽车、电车客运量,人均地区生产总值,社会消费品零售总额,交通事故发生数,地区生产总值,城市居民人均可支配收入,民用航空旅客发送量,每百户城镇常住居民家庭年末彩色电视机拥有量,城市人均公园绿地面积,城市绿地面积,第三产业就业人数占全部就业人数比重,公路运输客运量,第三产业占地区生产总值比重,住宿和餐饮业零售总额,国家 4A 级及以上景区数量,入境旅游人数,城市化率,限额以上批发、零售、住宿和餐饮业企业个数,城市(建成区)绿化覆盖率,铁路运输客运量,旅行社数量,批发、零售、住宿和餐饮业从业人数,国控主要城市区域环境噪声,城市居民消费价格指数(以上一年为100)。从中可以看出,昆明在城市休闲化进程中表现较弱的指标有交通客运规模、经济发展水平、第三产业发展等,侧面说明昆明自身的休闲娱乐产业供给不充分,商业业态不够丰富,未来发展需加强文旅产业发展,平衡好本地居民与外来游客之间的关系。

从横向指标来看,昆明 43 个指标有 28 个指标在 36 个城市排名中高于中位数,有 15 个指标在 36 个城市排名中低于中位数。在 36 个城市中排名靠前的指标主要有轨道交通客运量(第 6 名),星级饭店数量(第 1名),公园个数(第 3 名),国内旅游人数(第 8 名),城市(建成区)绿化覆盖率(第 5 名),国家荣誉称号数(第 6 名),城市居民人均医疗保健消费支出(第 5 名)。在 36 个城市中排名靠前的指标主要有限额以上批发、零售、住宿和餐饮业企业个数(第 30 名),旅行社数量(第 36 名)。从中可以看出,昆明的文化、休闲娱乐设施水平较好,同时昆明的环境质量较高,但是商业零售水平还有待提升。

九、太原

太原是山西省政治、经济、文化和国际交流中心,国家可持续发展议程创新示范区,以能源、重化工为主的工业基地,拥有着两千多年建城历史,文化底蕴深厚。从数据结果上看,太原各个指标水平值区间在 0～3,均值为 0.385 0,高于均值水平的指标有 8 个,占指标总数的 18.60%。具体有公路运输客运量,国家重点文物保护单位数量,空气质量达到及好于二级的天数,剧场、影剧院个数,人均地区生产总值,民用航空旅客发送量,城市居民人均医疗保健消费支出,限额以上批发、零售、住宿和餐饮业企业个数。从中可以看出,太原在城市休闲化进程中,交通客运规模、文娱消费支出、旅游设施规模等发展较好,可能与太原本身的城市规模有很大联系。

低于均值水平的指标有 35 个,占指标总数的 81.39%,具体有旅行社数量,第三产业就业人数占全部就业人数比重,国家荣誉称号数,每百户城镇常住居民家庭年末家用电脑拥有量,城市居民人均家庭设备用品及服务消费支出,星级饭店数量,城市居民人均教育文化娱乐服务消费支出,城市居民人均可支配收入,城镇居民家庭恩格尔系数,市区人均居住面积,公共图书馆数量,文化馆数量,城市人均公园绿地面积,每百户城镇常住居民家庭年末彩色电视机拥有量,城市居民人均交通通信消费支出,住宿和餐饮业零售总额,博物馆数量,国内旅游人数,城市居民家庭人均消费性支出,第三产业占地区生产总值比重,地区生产总值,城市绿地面积,城市化率,社会消费品零售总额,公共汽车、电车客运量,国家 4A 级及以上景区数量,交通事故发生数,城市(建成区)绿化覆盖率,公园个数,批

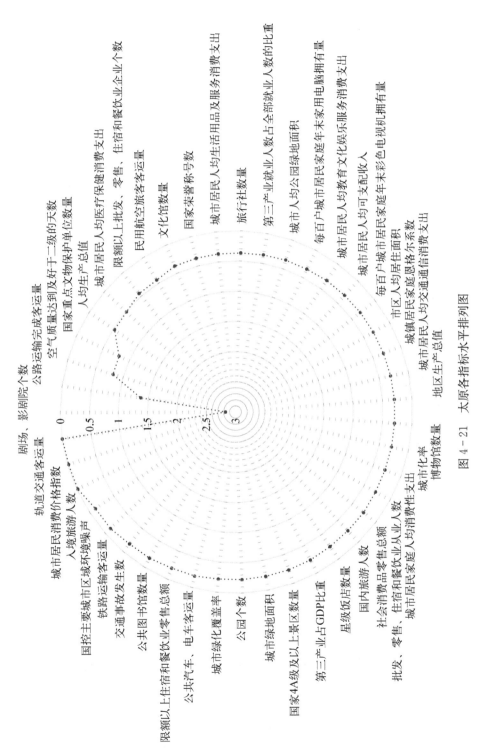

图4-21 太原各指标水平排列图

发、零售、住宿和餐饮业从业人数,铁路运输客运量,国控主要城市区域环境噪声,入境旅游人数,城市居民消费价格指数(以上一年为 100),轨道交通客运量。从中可以看出,太原在城市休闲化进程中发展较弱的指标有第三产业发展、城市生态环境、住宿餐饮业规模等,这说明太原的对外吸引力还不够强,商业的业态不够丰富、休闲游憩的选择性较少。

从横向指标来看,太原 43 个指标有 14 个指标在 36 个城市排名中高于中位数,有 29 个指标在 36 个城市排名中低于中位数。在 36 个城市中排名靠前的指标主要有城市化率(第 4 名),公路运输客运量(第 4 名),国家重点文物保护单位数量(第 9 名),城市(建成区)绿化覆盖率(第 6 名),国控主要城市区域环境噪声(第 3 名)。在 36 个城市中排名靠后的指标主要有国内旅游人数(第 31 名),入境旅游人数(第 35 名),城市居民人均可支配收入(第 35 名),每百户城市居民家庭年末彩色电视机拥有量(第 34 名),每百户城市居民家庭年末家用电脑拥有量(第 33 名)。从中可以看出,太原的城市人口规模、城市环境等水平较好,未来还需要在旅游产业体系上进一步加强,从而提升城市吸引力。

十、大连

大连是中国 5 个计划单列市之一,其狭长的海岸线造就了众多的自然美景,旅游业发展较好。从数据结果上看,大连各个指标水平值区间在 0～1.5,均值为 0.373 8,高于均值水平的指标有 22 个,占指标总数的 51.16%。具体有星级饭店数量,公共汽车、电车客运量,城市居民人均医疗保健消费支出,交通事故发生数,旅行社数量,人均地区生产总值,国家 4A 级及以上景区数量,国家重点文物保护单位数量,城市居民人均家庭设备用品及服务消费支出,公园个数,地区生产总值,城市居民人均交通通信消费支出,入境旅游人数,城市居民人均可支配收入,城市居民家庭人均消费性支出,文化馆数量,每百户城镇常住居民家庭年末家用电脑拥有量,城市居民人均教育文化娱乐服务消费支出,空气质量达到及好于二级的天数,市区人均居住面积,限额以上批发、零售、住宿和餐饮业企业个数,国家荣誉称号数。从中可以看出,大连在城市休闲化进程中,旅游设施规模、人均消费支出和城市生态环境竞争力较强,这说明大连在休闲基础设施建设上表现较好。

低于均值水平的有21个,占指标总数的48.83%。具体有第三产业就业人数占全部就业人数比重,公共图书馆数量,博物馆数量,城市绿地面积,城市人均公园绿地面积,每百户城镇常住居民家庭年末彩色电视机拥有量,国内旅游人数,公路运输客运量,社会消费品零售总额,城镇居民家庭恩格尔系数,城市化率,第三产业占地区生产总值比重,轨道交通客运量,民用航空旅客发送量,城市(建成区)绿化覆盖率,住宿和餐饮业零售总额,批发、零售、住宿和餐饮业从业人数,国控主要城市区域环境噪声,铁路运输客运量,剧场、影剧院个数,城市居民消费价格指数(以上一年为100)。从中可以看出,大连在第三产业发展、住宿餐饮业规模、交通客运规模、家庭娱乐设施等方面发展较弱,这说明大连在城市休闲化进程中,城市对外吸引力还较弱,一定程度上制约了大连休闲旅游产业的竞争力。

从横向指标来看,大连43个指标有20个指标在36个城市排名中高于中位数,有23个指标在36个城市排名中低于中位数。在36个城市中排名靠前的指标主要是城市(建成区)绿化覆盖率(第3名),排名靠后的指标主要有国内旅游人数(第30名),铁路运输客运量(第31名),民用航空旅客客运量(第31名),博物馆数量(第30名),剧场、影剧院个数(第31名)。从中可以看出,大连的城市绿化环境较好,而交通客运规模、文化设施规模等水平尚低,未来需要完善休闲服务设施,提升城市的吸引力。

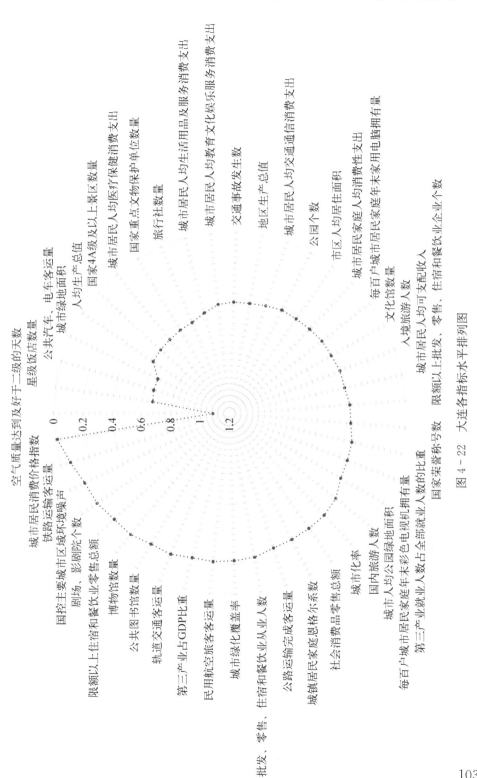

图 4-22 大连各指标水平排列图

十一、石家庄

石家庄地处华北地区,是我国重要的商品集散地和北方重要的大商埠、全国性商贸会展中心城市之一和中国国际数字经济博览会永久举办地,旅游资源丰富,名胜古迹众多。从数据分析上看,石家庄各个指标水平值区间在0~1,均值为0.347 8,高于均值水平的指标有19个,占指标总数的44.18%。具体有剧场、影剧院个数,国家重点文物保护单位数量,空气质量达到及好于二级的天数,公共图书馆数量,文化馆数量,交通事故发生数,民用航空旅客发送量,国内旅游人数,国家4A级及以上景区数量,第三产业就业人数占全部就业人数比重,社会消费品零售总额,地区生产总值,星级饭店数量,每百户城镇常住居民家庭年末家用电脑拥有量,城市居民人均家庭设备用品及服务消费支出,国家荣誉称号数,每百户城镇常住居民家庭年末彩色电视机拥有量,城市居民人均医疗保健消费支出,城市居民人均可支配收入。从中可以看出,石家庄在城市休闲化进程中发展较好的指标有文化休闲设施规模、国内旅游接待规模,居民消费支出等,反映出石家庄的休闲文化供给相对较好。

低于均值水平的指标有25个,占指标总数的58.14%。具体有城镇居民家庭恩格尔系数,城市居民家庭人均消费性支出,公园个数,铁路运输客运量,人均地区生产总值,城市居民人均教育文化娱乐服务消费支出,旅行社数量,城市绿地面积,第三产业占地区生产总值比重,城市人均公园绿地面积,市区人均居住面积,城市居民人均交通通信消费支出,限额以上批发、零售、住宿和餐饮业企业个数,公共汽车、电车客运量,博物馆数量,城市化率,城市(建成区)绿化覆盖率,住宿和餐饮业零售总额,批发、零售、住宿和餐饮业从业人数,轨道交通客运量,国控主要城市区域环境噪声公路运输客运量,入境旅游人数,城市居民消费价格指数(以上一

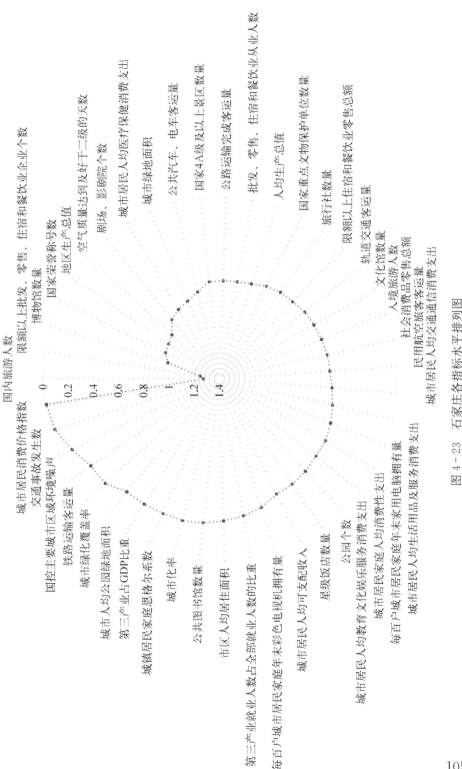

图 4-23 石家庄各指标水平排列图

年为 100）。从中可以看出，石家庄在城市休闲化进程中发展较弱的指标集中在家庭休闲设施、交通客运规模、住宿餐饮业规模等，说明石家庄对于本地居民的休闲娱乐供给尚不够充分。

从横向指标来看，石家庄 43 个指标有 14 个指标在 36 个城市排名中高于中位数，有 29 个指标在 36 个城市排名中低于中位数。在 36 个城市中排名靠前的指标主要有第三产业就业人数占全部就业人数比重（第 7 名），文化馆数量（第 2 名），公共图书馆数量（第 3 名）。在 36 个城市中排名靠后的指标主要有人均地区生产总值（第 33 名），住宿和餐饮业零售总额（第 31 名），公共汽车、电车客运量（第 35 名），入境旅游人数（第 33 名），城市居民人均交通通信消费支出（第 35 名），城市居民人均教育文化娱乐服务消费支出（第 34 名）。从中可以看出，石家庄的文化设施规模较好，然而商业零售、交通能力、入境旅游吸引力等较弱，未来需要采取措施，对弱势指标进行逐步优化。

第五节　Ⅱ型大城市休闲化指标分析

城区常住人口规模在 100 万以上 300 万以下的城市为Ⅱ型大城市，符合这一标准的城市有南宁、乌鲁木齐、厦门、宁波、福州、南昌、兰州、贵阳、呼和浩特、海口、银川和西宁 12 个城市。从城市区域分布看，东部城市有厦门、宁波、福州、海口 4 个城市，中部城市有南昌 1 个城市，西部城市有南宁、乌鲁木齐、兰州、贵阳、呼和浩特、银川、西宁 7 个城市；从城市行政级别看，12 个城市中南宁、乌鲁木齐、呼和浩特、银川分别是广西壮族自治区、新疆维吾尔自治区、内蒙古自治区、宁夏回族自治区的首府，其余皆为省会城市。

一、南宁

南宁是一座历史悠久的文化古城,同时也是一个以壮族为主的多民族现代化、国际化城市。从数据结果上看,南宁各个指标水平值区间在 0～1,均值为 0.288 4,高于均值水平的指标有 18 个,占指标总数的 41.86%。具体有国内旅游人数,国家荣誉称号数,国家 4A 级及以上景区数量,每百户城镇常住居民家庭年末家用电脑拥有量,文化馆数量,城市居民人均医疗保健消费支出,空气质量达到及好于二级的天数,第三产业就业人数占全部就业人数比重,每百户城镇常住居民家庭年末彩色电视机拥有量,限额以上批发、零售、住宿和餐饮业企业个数,城市居民人均可支配收入,轨道交通客运量,星级饭店数量,人均地区生产总值,社会消费品零售总额,城市人均公园绿地面积,地区生产总值。从中可以看出,南宁在城市休闲化进程中发展较好的指标有旅游设施规模、国内旅游接待规模、空气质量、文化设施规模等,说明南宁注重旅游产业发展与生态环境建设,彰显了南宁城市的魅力。

低于均值水平的指标有 25 个,占指标总数的 58.13%。具体有城市居民人均教育文化娱乐服务消费支出,市区人均居住面积,城市居民人均交通通信消费支出,公共图书馆数量,剧场、影剧院个数,城市居民人均家庭设备用品及服务消费支出,第三产业占地区生产总值比重,城市居民家庭人均消费性支出,住宿和餐饮业零售总额,城市绿地面积,公路运输客运量,民用航空旅客发送量,公共汽车、电车客运量,城镇居民家庭恩格尔系数,城市化率,旅行社数量,城市(建成区)绿化覆盖率,博物馆数量,铁路运输客运量,交通事故发生数,公园个数,入境旅游人数,国家重点文物保护单位数量,批发、零售、住宿和餐饮业从业人数,国控主要城市区域环境噪声,城市居民消费价格指数(以上一年为 100)。从中可以看出,南宁

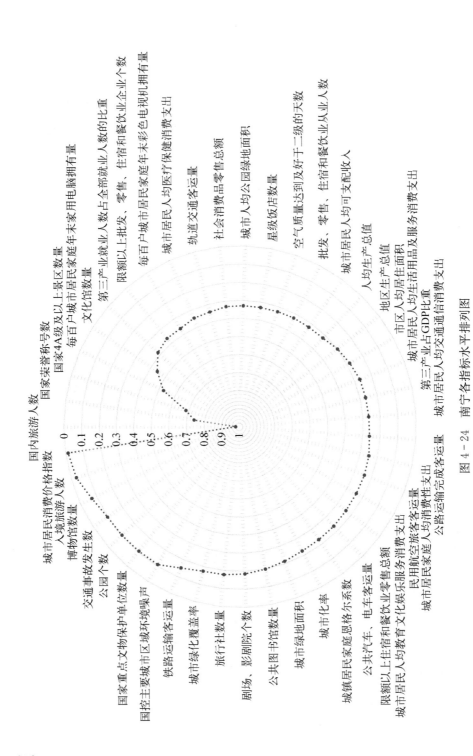

图 4 - 24　南宁各指标水平排列图

在城市休闲化进程中发展较弱的指标有人均休闲消费支出、交通客运规模、休闲娱乐设施规模、住宿餐饮业规模等,这说明南宁的休闲相关产业供给能力还有待提升。

从横向指标来看,南宁 43 个指标有 9 个指标在 36 个城市排名中高于中位数,有 34 个指标在 36 个城市排名中低于中位数。在 36 个城市中排名靠前的指标主要有第三产业占地区生产总值比重(第 8 名),第三产业就业人数占全部就业人数的比重(第 8 名),国家 4A 级及以上景区数量(第 7 名)。在 36 个城市中排名靠后的指标主要有人均地区生产总值(第 35 名),城市化率(第 32 名),国家重点文物保护单位数量(第 34 名),旅行社数量(第 34 名),城市(建成区)绿化覆盖率(第 34 名),城市居民家庭人均消费性支出(第 36 名),城市居民人均生活用品及服务消费支出(第 36 名),城市居民人均医疗保健消费支出(第 33 名),城市居民人均交通通信消费支出(第 36 名),城市居民人均教育文化娱乐服务消费支出(第 35 名)。从中可以看出,南宁整体休闲化发展水平较低,这与城市休闲设施供给能力较低、居民休闲消费水平较低有一定关系。

二、乌鲁木齐

乌鲁木齐地处亚欧大陆中心,是西方文化和中国文化的荟萃之地,有"亚心之都"的称呼,同时也是全国文明城市、国家园林城市、全国双拥模范城市、中国优秀旅游城市、全国民族团结进步模范城市。从数据结果上看,乌鲁木齐各个指标水平值区间在 0～3,均值为 0.398 2,高于均值水平的指标有 15 个,占指标总数的 34.88%。具体有交通事故发生数,星级饭店数量,空气质量达到及好于二级的天数,城市居民人均医疗保健消费支出,国内旅游人数,城市居民人均教育文化娱乐服务消费支出,城市居民人均交通通信消费支出,城市绿地面积,城市居民人均家庭设备用品及服

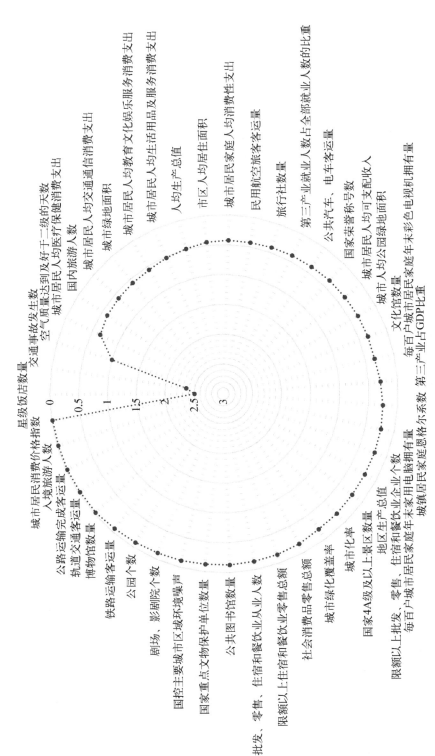

图 4－25　乌鲁木齐各指标水平排列图

务消费支出,公共汽车、电车客运量,人均地区生产总值,城市居民家庭人均消费性支出,市区人均居住面积,旅行社数量,民用航空旅客发送量,第三产业就业人数占全部就业人数比重。从中可以看出,乌鲁木齐在城市休闲化进程中发展较好的指标集中于人均休闲消费支出、市内交通规模、城市绿化环境等,这说明乌鲁木齐本地居民休闲消费需求相对旺盛,同时城市的基础设施、生态文明建设较好。

低于均值指标的有 28 个,占指标总数的 65.12%。具体有城市人均公园绿地面积,城市居民人均可支配收入,国家荣誉称号数,文化馆数量,每百户城镇常住居民家庭年末彩色电视机拥有量,第三产业占地区生产总值比重,城镇居民家庭恩格尔系数,公共图书馆数量,限额以上批发、零售、住宿和餐饮业企业个数,地区生产总值,国家 4A 级及以上景区数量,每百户城镇常住居民家庭年末家用电脑拥有量,住宿和餐饮业零售总额,城市(建成区)绿化覆盖率,城市化率,社会消费品零售总额,国家重点文物保护单位数量,公园个数,国控主要城市区域环境噪声,批发、零售、住宿和餐饮业从业人数,铁路运输客运量,剧场、影剧院个数,博物馆数量,轨道交通客运量,入境旅游人数,公路运输客运量,城市居民消费价格指数(以上一年为 100)。从中可以看出,乌鲁木齐在城市休闲化进程中发展较弱的指标集中于对外交通客运规模、第三产业发展、文化娱乐设施规模、旅游接待规模等,这说明乌鲁木齐的休闲产业结构相对单一,对外吸引力较弱。

从横向指标来看,乌鲁木齐 43 个指标有 11 个指标在 36 个城市排名中高于中位数,有 32 个指标在 36 个城市排名中低于中位数。在 36 个城市中排名靠前的指标主要有第三产业占地区生产总值比重(第 4 名),第三产业就业人数占全部就业人数比重(第 3 名),交通事故发生数(第 2 名),星级饭店数量(第 2 名),城市居民人均医疗保健消费支出(第 7 名)。

在 36 个城市中排名靠后的指标主要有社会消费品零售总额(第 31 名),批发、零售、住宿和餐饮业从业人数(第 32 名),公路运输客运量(第 33 名),铁路运输客运量(第 32 名),文化馆数量(第 30 名),博物馆数量(第 36 名),公共图书馆数量(第 31 名),剧场、影剧院个数(第 34 名),国家重点文物保护单位数量(第 33 名),国家 4A 级及以上景区数量(第 32 名),公园个数(第 34 名)。从中可以看出,乌鲁木齐的第三产业发展水平较好,然而商业零售、交通运输、文化旅游设施等水平较低,未来需要积极提出解决措施,改善弱势指标。

三、厦门

厦门是我国五大计划单列市之一,也是国家综合配套改革试验区、国家物流枢纽、东南亚国际航运中心,交通条件便利,自然资源丰富。从数据结果上看,厦门各个指标水平值区间在 0~2,均值为 0.475 8,高于均值水平的指标有 17 个,占指标总数的 39.53%。具体有入境旅游人数,交通事故发生数,旅行社数量,国家荣誉称号数,人均地区生产总值,民用航空旅客发送量,限额以上批发、零售、住宿和餐饮业企业个数,公共汽车、电车客运量,城市居民人均交通通信消费支出,国内旅游人数,批发、零售、住宿和餐饮业从业人数,城市居民人均可支配收入,城市居民家庭人均消费性支出,住宿和餐饮业零售总额,城市居民人均家庭设备用品及服务消费支出。从中可以看出,厦门在城市休闲化进程中发展良好的指标有交通客运规模、人均休闲消费水平和入境旅游接待规模,这说明厦门的城市居住环境相对优越,吸引力较强。

低于均值水平的指标有 26 个,占指标总数的 60.46%。具体有城市人均公园绿地面积,公园个数,城市居民人均医疗保健消费支出,每百户城镇常住居民家庭年末家用电脑拥有量,城市绿地面积,空气质量达到及

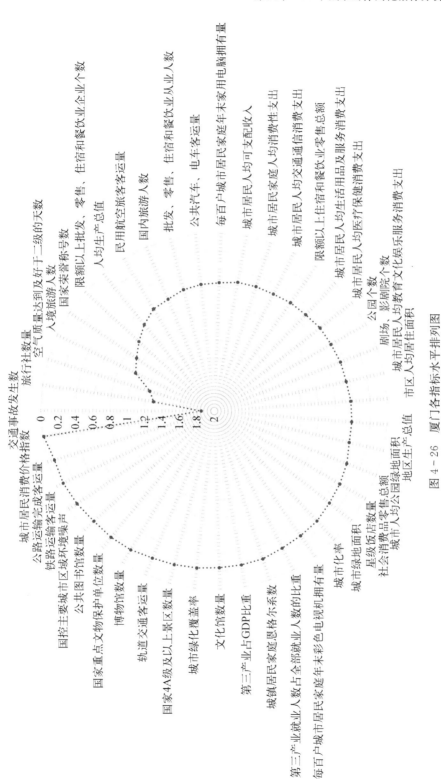

图4-26 厦门各指标水平排列图

好于二级的天数,地区生产总值,市区人均居住面积,城市居民人均教育文化娱乐服务消费支出,星级饭店数量,公共图书馆数量,社会消费品零售总额,每百户城镇常住居民家庭年末彩色电视机拥有量,第三产业就业人数占全部就业人数比重,第三产业占地区生产总值比重,城镇居民家庭恩格尔系数,城市化率,文化馆数量,国家4A级及以上景区数量,城市(建成区)绿化覆盖率,轨道交通客运量,国家重点文物保护单位数量,铁路运输客运量,国控主要城市区域环境噪声,公路运输客运量,博物馆数量,剧场、影剧院个数,城市居民消费价格指数(以上一年为100)。从中可以看出,厦门在城市休闲化进程中发展较弱的指标有住宿餐饮业规模、文娱设施规模、第三产业发展等,这说明厦门休闲产业供给能力尚显不足。

从横向指标来看,厦门43个指标有19个指标在36个城市排名中高于中位数,有24个指标在36个城市排名中低于中位数。在36个城市中排名靠前的指标主要有城市化率(第2名),交通事故发生数(第4名),旅行社数量(第3名),入境旅游人数(第5名),城市(建成区)绿化覆盖率(第2名)。在36个城市中排名靠后的指标主要有第三产业就业人数占全部就业人数比重(第33名),国家重点文物保护单位数量(第30名),国家4A级以上景区数量(第30名)。从中可以看出,厦门的入境旅游发展比国内旅游发展较好,未来需要注重休闲文化产业的发展,提升本地居民生活幸福感。

四、宁波

宁波是我国五大计划单列市之一,也是我国东南沿海重要的港口城市、长江三角洲南翼经济中心,地理位置优越,文化底蕴深厚。从数据结果上看,宁波各个指标水平值区间在0~2,均值为0.5262,高于均值水平的指标有21个,占指标总数的48.83%。具体有限额以上批发、零售、住宿和餐饮业企业个数,空气质量达到及好于二级的天数,博物馆数量,国家荣誉称号数,地区生产总值,人均地区生产总值,市区人均居住面积,城市居民人均交通通信消费支出,城市绿地面积,国家4A级及以上景区数量,国家重点文物保护单位数量,批发、零售、住宿和餐饮业从业人数,星级饭店数量,城市居民人均家庭设备用品及服务消费支出,社会消费品零售总额,每百户城镇常住居民家庭年末彩色电视机拥有量,城市居民人均可支配收入,城市居民家庭人均消费性支出,城市居民人均教育文化娱乐服务消费支出,每百户城镇常住居民家庭年末家用电脑拥有量。从中可以看出,宁波在城市休闲化进程中发展较好的指标集中于住宿餐饮业规模、休闲设施规模等,这说明宁波居民休闲消费需求与休闲娱乐供给之间匹配度较高。

低于均值水平的指标有22个,占指标总数的51.16%。具体有公园个数,国内旅游人数,城市居民人均医疗保健消费支出,旅行社数量,公共图书馆数量,民用航空旅客发送量,剧场、影剧院个数,文化馆数量,住宿和餐饮业零售总额,公共汽车、电车客运量,城市人均公园绿地面积,铁路运输客运量,城镇居民家庭恩格尔系数,第三产业就业人数占全部就业人数比重,轨道交通客运量,城市化率,第三产业占地区生产总值比重,交通事故发生数,城市(建成区)绿化覆盖率,公路运输客运量,入境旅游人数,国控主要城市区域环境噪声,城市居民消费价格指数(以上一年为100)。从中可以看出,宁波在城市休闲化进程中发展较弱的指标集中于旅游接待规模、城市环境质量、文化设施规模、交通客运规模等,这说明宁波在居民休闲娱乐活动的多元性与便利性方面有待提升。

从横向指标来看,宁波43个指标有29个指标在36个城市排名中高于中位数,有14个指标在36个城市排名中低于中位数。在36个城市中排名靠前的指标主要有人均地区生产总值(第5名),限额以上批发、零

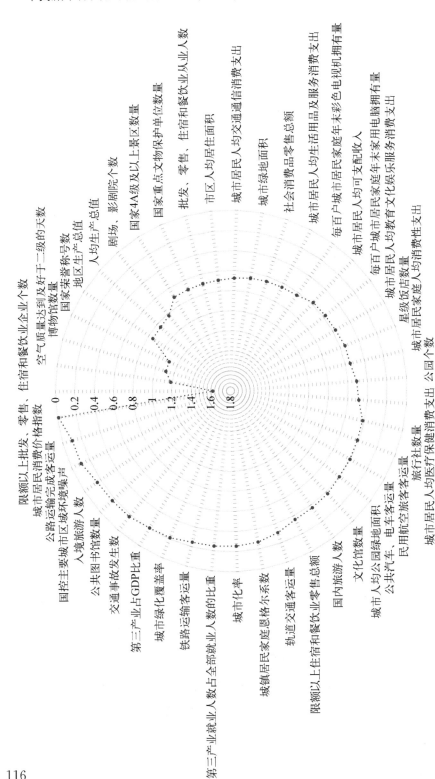

图 4－27　宁波各指标水平排列图

售、住宿和餐饮业企业个数(第 5 名),国家 4A 级及以上景区数量(第 6 名),国家荣誉称号数(第 1 名),城市居民人均交通通信消费支出(第 3 名)。在 36 个城市中排名靠后的指标主要有第三产业占地区生产总值比重(第 35 名),第三产业就业人数占全部就业人数比重(第 35 名),国控主要城市区域环境噪声(第 30 名)。从中可以看出,宁波的商业零售、旅游接待设施等条件相对较好,但是在第三产业发展规模、城市声环境等水平上尚存在不足。

五、福州

福州依山傍水,内河密布,自然风格秀美,名胜古迹众多,曾获得中国优秀旅游城市、滨江滨海生态园林城市等称号。从数据分析上看,福州 43 个指标水平值区间在 0~2.5,均值为 0.458 1,高于均值水平的指标有 13 个,占指标总数的 30.23%。具体有交通事故发生数,空气质量达到及好于二级的天数,国家荣誉称号数,限额以上批发、零售、住宿和餐饮业企业个数,市区人均居住面积,人均地区生产总值,地区生产总值,社会消费品零售总额,国内旅游人数,国家重点文物保护单位数量,每百户城镇常住居民家庭年末家用电脑拥有量,批发、零售、住宿和餐饮业从业人数,剧场、影剧院个数。从中可以看出,福州在城市休闲化进程中发展良好的指标集中在住宿餐饮业规模、文化设施规模等,这说明福州用于本地居民休闲娱乐需求的供给相对较强。

低于均值水平的指标有 30 个,占指标总数的 69.77%。具体有住宿和餐饮业零售总额,博物馆数量,公共图书馆数量,入境旅游人数,公园个数,城市居民家庭人均消费性支出,城市居民人均可支配收入,每百户城镇常住居民家庭年末彩色电视机拥有量,文化馆数量,城市居民人均交通通信消费支出,民用航空旅客发送量,城市人均公园绿地面积,城市居民

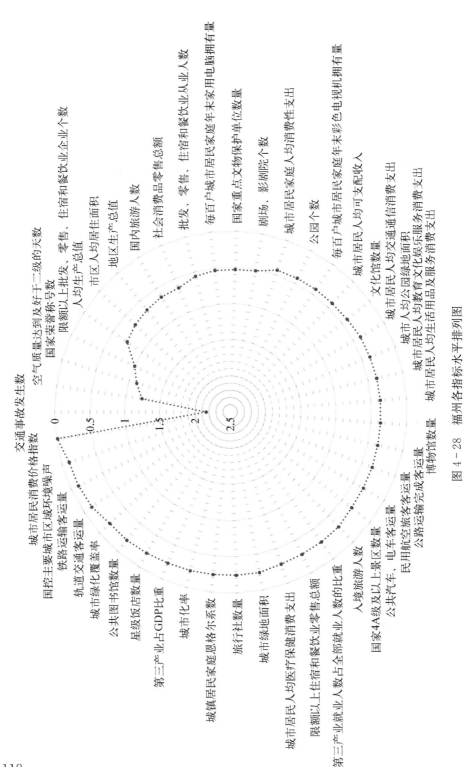

图4-28 福州各指标水平排列图

人均教育文化娱乐服务消费支出,公路运输客运量,城市居民人均家庭设备用品及服务消费支出,公共汽车、电车客运量,国家4A级及以上景区数量,城市居民人均医疗保健消费支出,星级饭店数量,城镇居民家庭恩格尔系数,第三产业占地区生产总值比重,第三产业就业人数占全部就业人数比重,旅行社数量,城市绿地面积,城市化率,城市(建成区)绿化覆盖率,轨道交通客运量,铁路运输客运量,国控主要城市区域环境噪声,城市居民消费价格指数(以上一年为100)。从中可以看出,福州在城市休闲化进程中发展较弱的指标集中在交通客运规模、旅游接待设施与规模、城市生态环境和第三产业发展等,说明福州交通与环境建设方面存在一定不足。

从横向指标来看,福州43个指标有19个指标在36个城市排名中高于中位数,有24个指标在36个城市排名中低于中位数。在36个城市中排名靠前的指标主要有空气质量达到及好于二级的天数(第1名),国家荣誉称号数(第2名),每百户城市居民家庭年末彩色电视机拥有量(第7名)。在36个城市中排名靠后的指标主要有旅行社数量(第32名),星级饭店数量(第34名),城市居民人均生活用品及服务消费支出(第32名),城市居民人均医疗保健消费支出(第35名)。从中可以看出,福州的城市环境相对较好,而旅游接待能力、休闲消费水平需要进一步提升。

六、南昌

南昌是江西省的政治、经济、文化、科教和交通中心,有"粤户闽庭,吴头楚尾""襟三江而带五湖"之称,是中国唯一一个毗邻长江三角洲、珠江三角洲和海西经济区的省会城市,也是华东地区重要的中心城市之一、长江中游城市群中心城市之一。从数据结果上看,南昌各个指标水平值区间在0~1.5,均值为0.370 8,高于均值水平的指标有18个,占指标总数的

41.86%。具体有国内旅游人数,国家荣誉称号数,交通事故发生数,人均地区生产总值,城市居民人均医疗保健消费支出,市区人均居住面积,城市居民人均交通通信消费支出,每百户城镇常住居民家庭年末彩色电视机拥有量,民用航空旅客发送量,城市居民人均可支配收入,每百户城镇常住居民家庭年末家用电脑拥有量,空气质量达到及好于二级的天数,城市居民家庭人均消费性支出,旅行社数量,地区生产总值,城市人均公园绿地面积,社会消费品零售总额,城市居民人均家庭设备用品及服务消费支出。从中可以看出,南昌在城市休闲化进程中发展良好的指标集中在国内旅游接待规模、消费规模、交通客运规模等,说明南昌的休闲消费市场规模相对较强。

低于均值水平的指标有 25 个,占指标总数的 58.14%。具体有公共图书馆数量,公园个数,博物馆数量,文化馆数量,星级饭店数量,限额以上批发、零售、住宿和餐饮业企业个数,国家 4A 级及以上景区数量,城市居民人均教育文化娱乐服务消费支出,第三产业就业人数占全部就业人数比重,城市绿地面积,公共汽车、电车客运量,城市(建成区)绿化覆盖率,城镇居民家庭恩格尔系数,城市化率,轨道交通客运量,第三产业占地区生产总值比重,国家重点文物保护单位数量,剧场、影剧院个数,铁路运输客运量,住宿和餐饮业零售总额,公路运输客运量,批发、零售、住宿和餐饮业从业人数,国控主要城市区域环境噪声,入境旅游人数,城市居民消费价格指数(以上一年为 100)。从中可以看出,南昌在城市休闲化进程中发展较弱的指标集中在文化休闲设施、旅游设施规模、第三产业发展、城市绿化环境、交通客运规模等,说明南昌的休闲供给仍处于较低的发展状态。

从横向指标来看,南昌 43 个指标有 11 个指标在 36 个城市排名中高于中位数,有 32 个指标在 36 个城市排名中低于中位数。在 36 个城市中

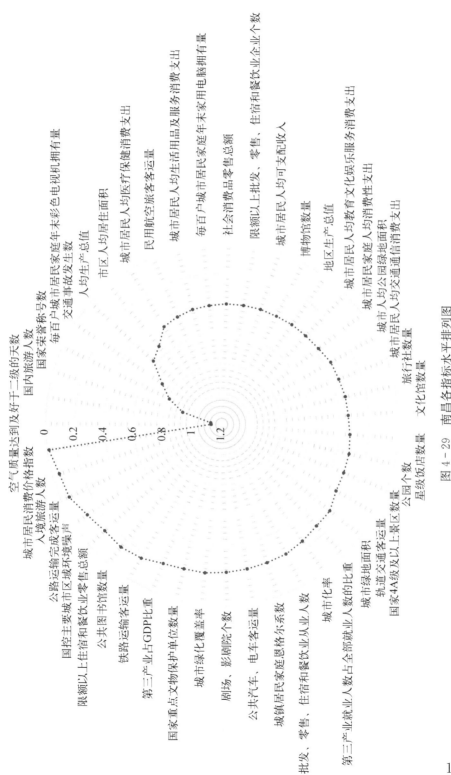

图 4-29　南昌各指标水平排列图

排名靠前的指标主要有每百户城市居民家庭年末彩色电视机拥有量(第1名),国内旅游人数(第9名),排名靠后的指标主要有第三产业占地区生产总值比重(第36名),第三产业就业人数占全部就业人数的比重(第34名),住宿和餐饮业零售总额(第30名),公共汽车、电车客运量(第30名),公路运输客运量(第30名)。从中可以看出,南昌的国内旅游吸引力较强,但第三产业发展水平、交通便利性等指标还需要加强。

七、兰州

兰州是我国西北地区重要的工业基地和综合交通枢纽,丝绸之路经济带的重要节点城市,也是黄河文化、丝路文化、中原文化和西域文化的重要交汇地。从数据结果上看,兰州各个指标水平值区间在0~2,均值为0.318 3,高于均值水平的指标有18个,占指标总数的41.86%。具体有交通事故发生数,公共汽车、电车客运量,剧场、影剧院个数,每百户城镇常住居民家庭年末家用电脑拥有量,民用航空旅客发送量,博物馆数量,城市居民人均家庭设备用品及服务消费支出,人均地区生产总值,国内旅游人数,城市居民人均医疗保健消费支出,城市居民人均教育文化娱乐服务消费支出,空气质量达到及好于二级的天数,旅行社数量,城市居民家庭人均消费性支出,城市居民人均可支配收入,市区人均居住面积,每百户城镇常住居民家庭年末彩色电视机拥有量,第三产业就业人数占全部就业人数比重。从中可以看出,兰州在城市休闲化进程中发展良好的指标集中在交通客运规模、人均休闲消费支出、休闲设施规模等,这说明兰州本地居民的休闲需求较旺盛,休闲设施较为完善。

低于均值水平的指标有25个,占指标总数的58.13%。具体有城市居民人均交通通信消费支出,城市人均公园绿地面积,文化馆数量,第三产业占地区生产总值比重,公共图书馆数量,星级饭店数量,城镇居民家

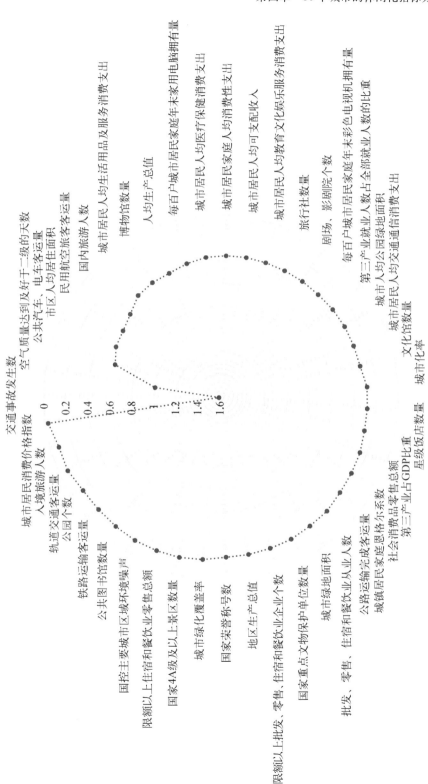

图 4 - 30　兰州各指标水平排列图

庭恩格尔系数，社会消费品零售总额，城市化率，限额以上批发、零售、住宿和餐饮业企业个数，公路运输客运量，国家重点文物保护单位数量，地区生产总值，国家荣誉称号数，城市（建成区）绿化覆盖率，城市绿地面积，铁路运输客运量，住宿和餐饮业零售总额，国家 4A 级及以上景区数量，公园个数，轨道交通客运量，国控主要城市区域环境噪声，批发、零售、住宿和餐饮业从业人数，入境旅游人数，城市居民消费价格指数（以上一年为100）。从中可以看出，兰州在城市休闲化进程中发展较弱的指标集中在文化设施规模、旅游接待规模、城市绿化环境等，说明兰州的休闲娱乐产业供给结构和规模方面都存在一定短板。

从横向指标来看，兰州 43 个指标有 8 个指标在 36 个城市排名中高于中位数，有 35 个指标在 36 个城市排名中低于中位数。在 36 个城市中排名靠前的指标主要是国控主要城市区域环境噪声（第 7 名），市区人均居住面积（第 7 名）。在 36 个城市中排名靠前的指标主要有社会消费品零售总额（第 30 名），住宿和餐饮业零售总额（第 32 名），限额以上批发、零售、住宿和餐饮业企业个数（第 31 名），文化馆数量（第 31 名），公共图书馆数量（第 32 名），星级饭店数量（第 32 名），国家 4A 级以上景区数量（第 35 名），公园个数（第 32 名），城市绿地面积（第 32 名）。从中可以看出，兰州的休闲化水平还较低，休闲娱乐基础设施发展水平处在中等偏下水平，说明兰州的休闲产业供给相对不足，同时城市的对外吸引力较弱。

八、贵阳

贵阳地处黔中山原丘陵中部，是我国区域创新中心和生态休闲度假旅游城市，矿产资源和旅游资源丰富。从数据结果上看，贵阳各个指标水平值区间在 0～7，均值为 0.548 6，高于均值水平的指标有 6 个，占指标总数的 13.95%。具体有公路运输客运量，交通事故发生数，空气质量达到及好于二级的天数,国内旅游人数,国家荣誉称号数,民用航空旅客发送量。从中可以看出,贵阳在城市休闲化进程中发展较好的指标集中于对外交通规模、国内旅游接待规模、城市生态环境等,这说明贵阳在发展过程中注重交通与生态建设。

低于均值水平的指标有 37 个,占指标总数的 86.05%。具体有城市人均公园绿地面积,公共图书馆数量,公共汽车、电车客运量,城市居民人均交通通信消费支出,文化馆数量,人均地区生产总值,国家 4A 级及以上景区数量,城市居民人均医疗保健消费支出,城市居民人均家庭设备用品及服务消费支出,每百户城镇常住居民家庭年末家用电脑拥有量,城市居民人均教育文化娱乐服务消费支出,市区人均居住面积,城市绿地面积,城市居民家庭人均消费性支出,城市居民人均可支配收入,每百户城镇常住居民家庭年末彩色电视机拥有量,社会消费品零售总额,第三产业就业人数占全部就业人数比重,旅行社数量,地区生产总值,星级饭店数量,第三产业占地区生产总值比重,城镇居民家庭恩格尔系数,城市化率,限额以上批发、零售、住宿和餐饮业企业个数,城市(建成区)绿化覆盖率,铁路运输客运量,住宿和餐饮业零售总额,博物馆数量,国家重点文物保护单位数量,批发、零售、住宿和餐饮业从业人数,国控主要城市区域环境噪声,轨道交通客运量,剧场、影剧院个数,公园个数,入境旅游人数,城市居民消费价格指数(以上一年为 100)。从中可以看出,贵阳在城市休闲化进程中发展较弱的指标集中于人均休闲消费支出、市内交通客运规模、第三产业发展、文化娱乐设施规模等,这说明贵阳城市产业结构单一,同时城市人口规模较小,这也导致了城市休闲娱乐产业规模和需求水平都比较低。

从横向指标来看,贵阳 43 个指标有 13 个指标在 36 个城市排名中高于中位数,有 30 个指标在 36 个城市排名中低于中位数。在 36 个城市中

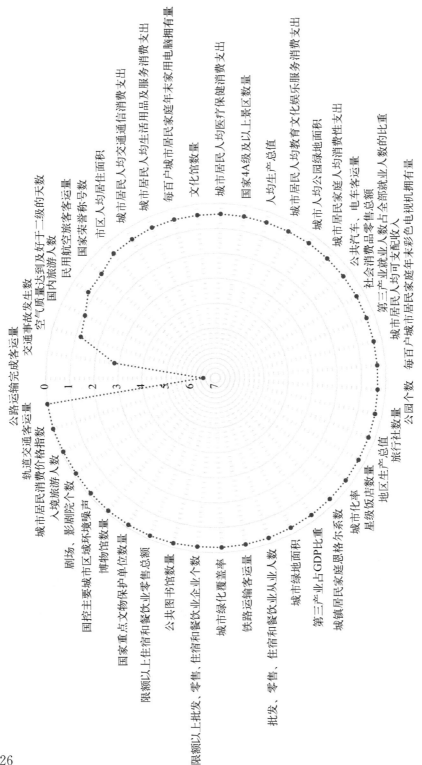

图 4-31 贵阳各指标水平排列图

排名靠前的指标主要是空气质量达到及好于二级的天数(第 4 名),公路运输客运量(第 1 名)。在 36 个城市中排名靠前的指标主要有限额以上批发、零售、住宿和餐饮业企业个数(第 29 名),轨道交通客运量(第 33 名),博物馆数量(第 31 名),剧场、影剧院个数(第 33 名),国家重点文物保护单位数量(第 31 名),旅行社数量(第 30 名),星级饭店数量(第 31 名)。从中可以看出,贵阳的优势主要在于空气质量和公路运输,商业零售、休闲设施规模等方面需要进一步提升。

九、呼和浩特

呼和浩特是国家历史文化名城,是华夏文明的发祥地之一,有着悠久的历史和光辉灿烂的文化。从数据结果上看,呼和浩特各个指标水平值区间在 0～1.5,均值为 0.289 1,高于均值水平的指标有 21 个,占指标总数的 48.83%。具体是城市人均公园绿地面积,城市居民人均医疗保健消费支出,交通事故发生数,人均地区生产总值,剧场、影剧院个数,市区人均居住面积,城市居民人均可支配收入,城市居民人均交通通信消费支出,星级饭店数量,城市居民人均家庭设备用品及服务消费支出,城市居民家庭人均消费性支出,城市居民人均教育文化娱乐服务消费支出,文化馆数量,国家荣誉称号数,每百户城镇常住居民家庭年末家用电脑拥有量,旅行社数量,第三产业就业人数占全部就业人数比重,国家 4A 级及以上景区数量,空气质量达到及好于二级的天数,每百户城镇常住居民家庭年末彩色电视机拥有量,城市绿地面积。从中可以看出,呼和浩特在城市休闲化进程中发展较好的指标主要集中在人均休闲消费水平、空气质量、文化设施规模等,这与呼和浩特的人口规模、文化底蕴等有密切关系。

低于均值水平的指标有 22 个,占指标总数的 51.16%。具体有公共图书馆数量,城镇居民家庭恩格尔系数,第三产业占地区生产总值比重,

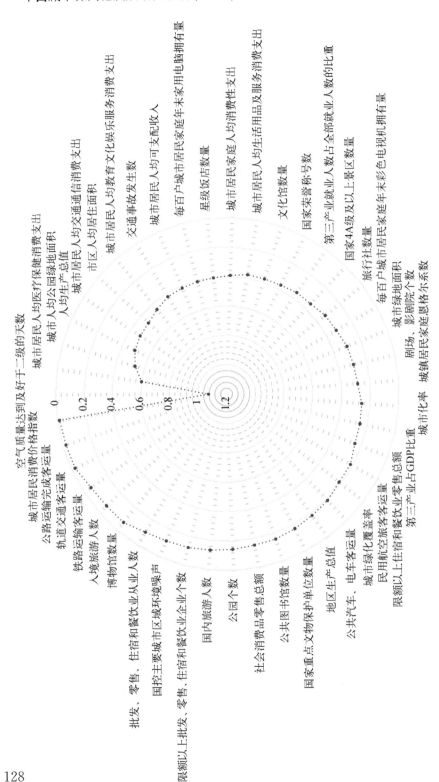

图 4－32　呼和浩特各指标水平排列图

城市化率,公共汽车、电车客运量,民用航空旅客发送量,地区生产总值,城市(建成区)绿化覆盖率,国家重点文物保护单位数量,公园个数,社会消费品零售总额,国内旅游人数,博物馆数量,限额以上批发、零售、住宿和餐饮业企业个数,国控主要城市区域环境噪声,入境旅游人数,铁路运输客运量,住宿和餐饮业零售总额,批发、零售、住宿和餐饮业从业人数,轨道交通客运量,城市居民消费价格指数(以上一年为 100),公路运输客运量。从中可以看出,呼和浩特在城市休闲化进程中发展较弱的指标主要集中在交通客运规模、旅游接待规模、住宿和餐饮业规模、城市生态环境等,说明呼和浩特的商业零售业态供给、交通便捷性、休闲游憩活动的选择性方面还相对较弱,一定程度上影响了城市的吸引力。

从横向指标来看,呼和浩特 43 个指标有 12 个指标在 36 个城市排名中高于中位数,有 31 个指标在 36 个城市排名中低于中位数。在 36 个城市中排名靠前的指标主要是城市人均公园绿地面积(第 1 名),城市居民人均交通通信消费支出(第 8 名)。在 36 个城市中排名靠后的指标主要有批发、零售、住宿和餐饮业从业人数(第 33 名),限额以上批发、零售、住宿和餐饮业企业个数(第 32 名),公共汽车、电车客运量(第 33 名),公路运输客运量(第 35 名),铁路运输客运量(第 33 名),博物馆数量(第 33 名),国内旅游人数(第 36 名)。从中可以看出,呼和浩特的城市绿化环境较好,但是商业零售、交通运输、文化旅游吸引力等还较弱,未来需要针对薄弱点,采取措施优化提升。

十、海口

海口地处热带,是一座富有海滨自然旖旎风光的南方滨海城市,被世界卫生组织选定为中国第一个"世界健康城市"试点地,拥有"中国最具幸福感城市、中国优秀旅游城市、国家历史文化名城"等荣誉称号。从数据结果上看,海口各指标水平值区间在 0～1.5,均值为 0.309 7,高于均值水平的指标有 18 个,占指标总数的 41.86%。具体有国家荣誉称号数,星级饭店数量,民用航空旅客发送量,批发、零售、住宿和餐饮业从业人数,城市人均公园绿地面积,城市居民人均医疗保健消费支出,旅行社数量,空气质量达到及好于二级的天数,第三产业就业人数占全部就业人数比重,人均地区生产总值,市区人均居住面积,城市居民人均可支配收入,第三产业占地区生产总值比重,城市居民家庭人均消费性支出,每百户城镇常住居民家庭年末彩色电视机拥有量,城市居民人均教育文化娱乐服务消费支出,城市居民人均交通通信消费支出,城市居民人均家庭设备用品及服务消费支出。从中可以看出,海口在城市休闲化进程中发展良好的指标集中在航空客运规模、人均休闲消费支出、第三产业发展、家庭娱乐设备拥有量等,说明海口本地居民休闲需求较旺盛,城市生活环境相对舒适。

低于均值水平的指标有 24 个,占指标总数的 58.13%。具体有交通事故发生数,城市化率,城镇居民家庭恩格尔系数,城市(建成区)绿化覆盖率,公共图书馆数量,文化馆数量,铁路运输客运量,公共汽车、电车客运量,城市绿地面积,社会消费品零售总额,住宿和餐饮业零售总额,地区生产总值,国内旅游人数,国家重点文物保护单位数量,剧场、影剧院个数,限额以上批发、零售、住宿和餐饮业企业个数,每百户城镇常住居民家庭年末家用电脑拥有量,国家 4A 级及以上景区数量,公路运输客运量,入境旅游人数,国控主要城市区域环境噪声,博物馆数量,公园个数,城市居民消费价格指数(以上一年为 100),轨道交通客运量。从中可以看出,海口在城市休闲化进程中发展较弱的指标主要集中在文化设施规模、住宿餐饮业规模、旅游接待设施与规模等,说明海口在同为海岛资源丰富的三亚影响下,旅游业发展较弱,同时缺乏多样性的休闲产业供给体系,制约了城市的吸引力和竞争力。

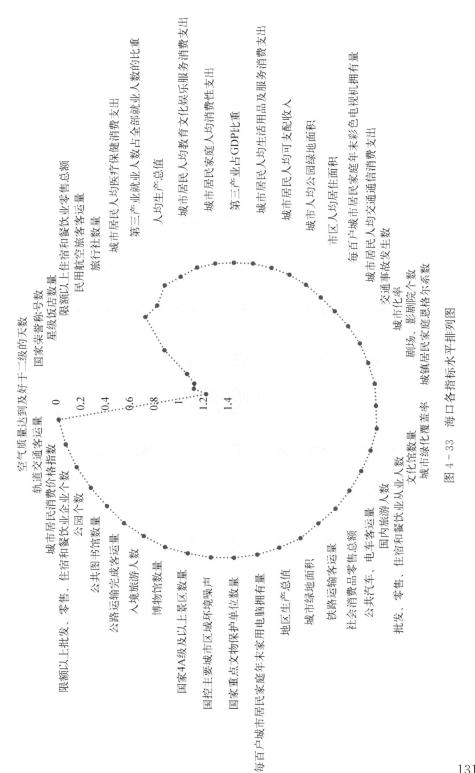

图4-33　海口各指标水平排列图

从横向指标来看,海口 43 个指标有 11 个指标在 36 个城市排名中高于中位数,有 32 个指标在 36 个城市排名中低于中位数。在 36 个城市中排名靠前的指标主要是国家荣誉称号数(第 4 名),第三产业占地区生产总值比重(第 1 名),住宿和餐饮业零售总额(第 5 名)。在 36 个城市中排名靠前的指标主要有社会消费品零售总额(第 33 名),限额以上批发、零售、住宿和餐饮业企业个数(第 36 名),公共汽车、电车客运量(第 34 名),文化馆数量(第 35 名),国家重点文物保护单位数量(第 35 名),国家 4A 级及以上景区数量(第 36 名),公园个数(第 35 名),国内旅游人数(第 34 名),城市居民人均生活用品及服务消费支出(第 34 名),城市居民人均交通通信消费支出(第 31 名)。从中可以看出,海口的城市环境、第三产业发展水平较好,但是商业零售、旅游接待规模等水平较弱,需要在休闲产业供给上有所发力。

十一、银川

银川地处中国西北地区、宁夏平原中部,是古丝绸之路商贸重镇,沿黄城市群核心城市,中蒙俄、新亚欧大陆桥经济走廊核心城市,也是国家向西开放的窗口。从数据结果上看,银川各个指标水平值区间在 0~1.5,均值为 0.26,高于均值水平的指标有 19 个,占指标总数的 44.18%。具体有国家荣誉称号数,城市居民人均医疗保健消费支出,市区人均居住面积,城市人均公园绿地面积,每百户城镇常住居民家庭年末家用电脑拥有量,城市居民人均交通通信消费支出,城市居民人均家庭设备用品及服务消费支出,人均地区生产总值,城市居民人均教育文化娱乐服务消费支出,城市居民家庭人均消费性支出,空气质量达到及好于二级的天数,城市居民人均可支配收入,第三产业就业人数占全部就业人数比重,公共汽车、电车客运量,每百户城镇常住居民家庭年末彩色电视机拥有量,城镇居民家庭恩格尔系数,公共图书馆数量,国家 4A 级及以上景区数量,文化馆数量。从中可以看出,银川在城市休闲化进程中发展良好的指标主要集中在人均休闲消费支出、城市空气质量、文化设施规模等,说明银川比较注重生态环境建设,本地居民的休闲消费需求旺盛。

低于均值水平的指标有 24 个,占指标总数的 55.81%。具体星级饭店数量,国家重点文物保护单位数量,第三产业占地区生产总值比重,城市化率,交通事故发生数,城市(建成区)绿化覆盖率,旅行社数量,剧场、影剧院个数,民用航空旅客发送量,国内旅游人数,地区生产总值,社会消费品零售总额,国控主要城市区域环境噪声,限额以上批发、零售、住宿和餐饮业企业个数,公园个数,批发、零售、住宿和餐饮业从业人数,住宿和餐饮业零售总额,铁路运输客运量,公路运输客运量,入境旅游人数,博物馆数量,城市绿地面积,城市居民消费价格指数(以上一年为 100),轨道交通客运量。从中可以看出,银川在城市休闲化进程中发展较弱的指标有旅游设施与接待规模、交通客运规模、城市绿化环境等,反映了银川在休闲产业发展方面的综合能力方面还存在短板,一定程度上制约了银川的对外吸引力。

从横向指标来看,银川 43 个指标有 8 个指标在 36 个城市排名中高于中位数,有 35 个指标在 36 个城市排名中低于中位数。在 36 个城市中排名靠前的指标主要有国控主要城市区域环境噪声(第 4 名),城市人均公园绿地面积(第 6 名),国家荣誉称号数(第 4 名)。在 36 个城市中排名靠后的指标主要有第三产业占地区生产总值比重(第 34 名),社会消费品零售总额(第 34 名),住宿和餐饮业零售总额(第 36 名),批发、零售、住宿和餐饮业从业人数(第 34 名),限额以上批发、零售、住宿和餐饮业企业个数(第 34 名),公路运输客运量(第 34 名),铁路运输客运量(第 35 名),民用航空旅客客运量(第 36 名),文化馆数量(第 33 名),公共图书馆数量(第

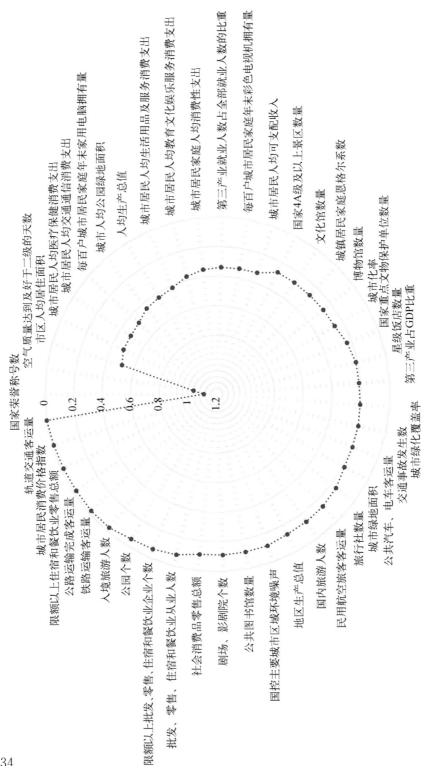

图 4－34　银川各指标水平排列图

33名),剧场、影剧院个数(第32名),旅行社数量(第35名),星级饭店数量(第35名),公园个数(第36名),国内旅游人数(第35名),入境旅游人数(第31名),城市绿地面积(第33名),城市居民人均可支配收入(第33名)。从中可以看出,银川的生态环境质量较高,说明银川注重生态建设,但是整体休闲产业发展处于较低水平,尤其是文化设施规模、交通设施规模、住宿餐饮业规模等,反映出城市吸引力不足。

十二、西宁

西宁是青藏高原的东方门户,古"丝绸之路"南路和"唐蕃古道"的必经之地,自古就是西北交通要道和军事重地历史文化源远流长,有着得天独厚的自然资源,绚丽多彩的民俗风情,是青藏高原一颗璀璨的明珠。从数据结果上看,西宁各个指标水平值区间在0~1,均值为0.244 0,高于均值水平的指标有23个,占指标总数的53.48%。具体有城市人均公园绿地面积,交通事故发生数,星级饭店数量旅行社数量,市区人均居住面积,城市居民人均医疗保健消费支出,住宿和餐饮业零售总额,空气质量达到及好于二级的天数,公共汽车、电车客运量,城市居民人均交通通信消费支出,城市居民人均教育文化娱乐服务消费支出,国家荣誉称号数,第三产业就业人数占全部就业人数比重,城市居民家庭人均消费性支出,城市居民人均家庭设备用品及服务消费支出,城市居民人均可支配收入,人均地区生产总值,每百户城镇常住居民家庭年末彩色电视机拥有量,每百户城镇常住居民家庭年末家用电脑拥有量,第三产业占地区生产总值比重,文化馆数量,民用航空旅客发送量,城市化率。从中可以看出,西宁在城市休闲化进程中发展良好的指标主要集中在旅游设施规模、城市生态质量、人均休闲消费支出、家庭休闲设备拥有量等,说明西宁的旅游基础设施发展相对较好,居民的休闲消费需求相对旺盛。

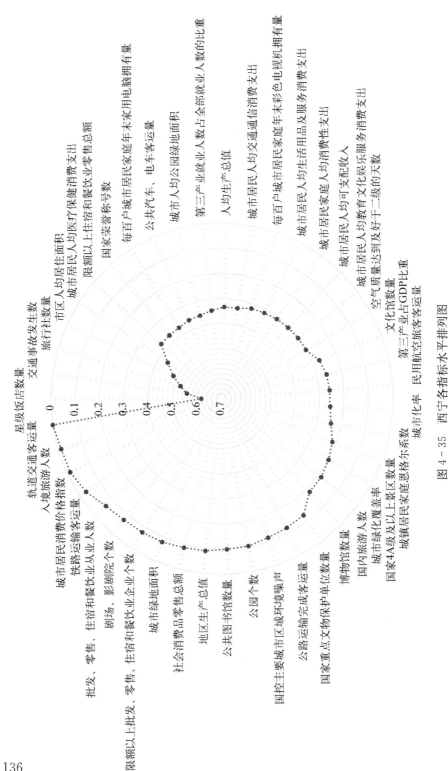

图 4-35 西宁各指标水平排列图

低于均值水平的指标有 20 个,占指标总数的 46.51%。具体有城镇居民家庭恩格尔系数,公共图书馆数量,国家 4A 级及以上景区数量,国内旅游人数,博物馆数量,城市(建成区)绿化覆盖率,国家重点文物保护单位数量,公园个数,公路运输客运量,地区生产总值,国控主要城市区域环境噪声,社会消费品零售总额,城市绿地面积,限额以上批发、零售、住宿和餐饮业企业个数,铁路运输客运量,批发、零售、住宿和餐饮业从业人数,剧场、影剧院个数,城市居民消费价格指数(以上一年为 100),入境旅游人数,轨道交通客运量。从中可以看出,西宁在城市休闲化进程中发展较弱的指标主要集中在文化设施规模、交通客运规模、住宿餐饮业规模等,说明西宁的休闲相关产业供给能力以及旅游吸引力不足。

从横向指标来看,西宁 43 个指标有 9 个指标在 36 个城市排名中高于中位数,有 34 个指标在 36 个城市排名中低于中位数。在 36 个城市中排名靠前的指标主要有国控主要城市区域环境噪声(第 8 名),交通事故发生数(第 8 名),星级饭店数量(第 11 名)。在 36 个城市中排名靠后的指标主要有批发、零售、住宿和餐饮业从业人数(第 35 名),限额以上批发、零售、住宿和餐饮业企业个数(第 33 名),轨道交通客运量(第 35 名),铁路运输客运量(第 34 名),文化馆数量(第 32 名),公共图书馆数量(第 34 名),剧场、影剧院个数(第 35 名),国家重点文物保护单位数量(第 32 名),公园个数(第 33 名),国内旅游人数(第 33 名),入境旅游人数(第 36 名),国家荣誉称号数(第 34 名),城市居民家庭人均消费性支出(第 34 名),城市居民人均生活用品及服务消费支出(第 35 名),城市居民人均教育文化娱乐服务消费支出(第 33 名),每百户城市居民家庭年末彩色电视机拥有量(第 35 名)。从中可以看出,西宁整体休闲化水平较低,主要与城市人口规模、地理位置、经济发展等因素密切相关。

第六节　小城市休闲化指标分析

按照我国城市类型的划分标准，城区常住人口 50 万以下的城市为小城市。在列入监测的 36 个城市中，只有拉萨的人口属于这一等级，为 31.55 万，属于小城市范畴。

拉萨是首批国家历史文化名城，以风光秀丽、历史悠久、风俗民情独特、宗教色彩浓厚而闻名于世。从数据结果上看，拉萨各个指标水平值区间在 0~2，均值为 0.295 0，高于均值水平的指标有 15 个，占指标总数的 34.88%。具体有交通事故发生数，星级饭店数量，国家荣誉称号数，市区人均居住面积，人均地区生产总值，第三产业就业人数占全部就业人数比重，每百户城镇常住居民家庭年末彩色电视机拥有量，城市居民人均交通通信消费支出，空气质量达到及好于二级的天数，城市居民家庭人均消费性支出，城市居民人均可支配收入，国家重点文物保护单位数量，旅行社数量，公园个数。从中可以看出，拉萨在城市休闲化进程中发展良好的指标有人均休闲消费支出、城市环境质量等，主要与拉萨的人口规模、地理环境相关。

低于均值水平的指标有 28 个，占指标总数的 60.47%。具体有城市居民人均医疗保健消费支出，城市人均公园绿地面积，社会消费品零售总额，城市居民人均家庭设备用品及服务消费支出，每百户城镇常住居民家庭年末家用电脑拥有量，第三产业占地区生产总值比重，城镇居民家庭恩格尔系数，城市化率，城市居民人均教育文化娱乐服务消费支出，城市（建成区）绿化覆盖率，文化馆数量，民用航空旅客发送量，国内旅游人数，国家 4A 级及以上景区数量，博物馆数量，公路运输客运量，国控主要城市区域环境噪声，公共汽车、电车客运量，公共图书馆数量，城市绿地面积，住

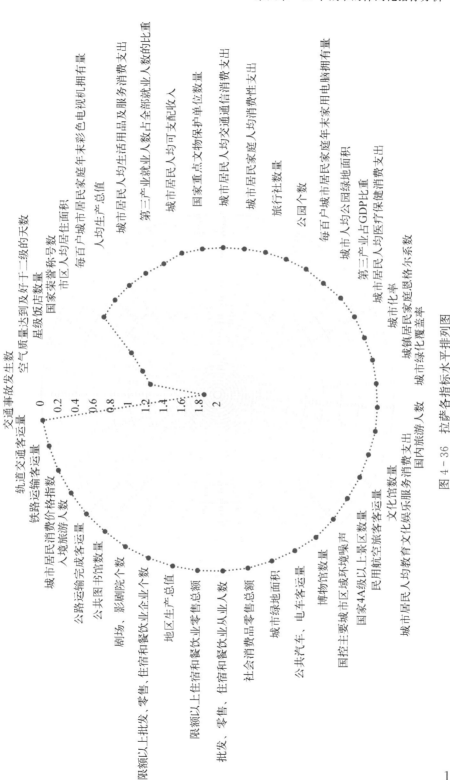

图 4 - 36　拉萨各指标水平排列图

宿和餐饮业零售总额,剧场、影剧院个数,地区生产总值,批发、零售、住宿和餐饮业从业人数,限额以上批发、零售、住宿和餐饮业企业个数,城市居民消费价格指数(以上一年为100),铁路运输客运量,入境旅游人数,轨道交通客运量。从中可以看出,拉萨在城市休闲化进程中表现较弱的指标主要集中在住宿餐饮业规模、文化娱乐设施规模、旅游接待规模、交通客运规模等方面。这些都是制约拉萨城市休闲产业规模化发展的重要因素。

从横向指标来看,拉萨43个指标有11个指标在36个城市排名中高于中位数,有32个指标在36个城市排名中低于中位数,排名后三位所占比例高达39.53%。在36个城市中排名前十的指标有5个,具体有第三产业就业人数占全部就业人数比重,交通事故发生数,空气质量达到及好于二级的天数,每百户城镇常住居民家庭年末彩色电视机拥有量,星级饭店数量。其中,第三产业就业人数占全部就业人数比重,交通事故发生数,空气质量达到及好于二级的天数3个指标排名都位列第二。从中可以看出拉萨第三产业发达,空气质量好,这些特点主要与其独特的地理位置与自然资源有关。但是,公路运输客运量,博物馆数量,剧场、影剧院个数,国内旅游人数,国控主要城市区域环境噪声,第三产业占地区生产总值比重,城市化率,住宿和餐饮业零售总额(第34名),国家4A级及以上景区数量(第34名),每百户城镇常住居民家庭年末家用电脑拥有量(第34名),批发、零售、住宿和餐饮业从业人数(第35名),民用航空旅客发送量(第35名),城市绿地面积(第35名),城镇居民家庭恩格尔系数(第35名),地区生产总值(第36名),限额以上批发、零售、住宿和餐饮业企业个数(第36名),公共汽车、电车客运量(第36名),轨道交通客运量(第36名),铁路运输客运量(第36名),文化馆数量(第36名),公共图书馆数量(第36名),入境旅游人数(第36名),城市居民人均医疗保健消费支出(第

36 名),城市居民人均教育文化娱乐服务消费支出(第 36 名)等 24 个指标,在 36 个城市排名中均处于后十位。从中可以看出,拉萨由于地理环境影响,空气质量在 36 个城市中名列前茅,但是整体休闲化发展水平较弱。

参考文献:

[1] 刘松,王清德,楼嘉军.台湾居民休闲消费潜力综合测度及系统评估研究[J].世界地理研究,2023,32(1):141－149.

[2] 黎雅悦,戈大专,牛博,李杰.广州市休闲旅游资源空间分布及其可达性特征[J].热带地理,2022,42(10):1701－1712.

[3] 马红涛,楼嘉军.乌鲁木齐市城市休闲化发展历程及影响因素研究[J].现代城市研究,2021(5):83－88.

[4] 金云峰,袁轶男,梁引馨,崔钰晗.人民城市理念下休闲生活圈规划路径——基于城市社会学视角[J].园林,2021(5):7－12.

[5] 李亚娟,罗雯婷,王靓,张祥,胡静.城市旅游休闲热点区演变特征及驱动机制研究——以武汉市为例[J].人文地理,2021,36(1):183－192.

[6] 徐爱萍,刘震,楼嘉军.中国休闲城市质量评价及实证研究[J].世界地理研究,2020(4):856－866.

[7] 李莉,侯国林,夏四友,黄震方.成都市休闲旅游资源空间分布特征及影响因素[J].自然资源学报,2020,35(3):683－697.

[8] 刘松,楼嘉军.上海市城镇居民休闲消费潜力测度及评价[J].城市问题,2019(4):88－95.

[9] 生延超,吴昕阳.城市休闲化水平区域差异动态研究[J].湖南工业大学学报(社会科学版),2018,23(3):18－26.

[10] 徐秀玉,陈忠暖.广州市公共休闲服务水平演变过程及影响因素[J].地域研究与开发,2018,37(6):58－63.

[11] 楼嘉军,李丽梅.成都城市休闲化演变过程及其影响因素[J].旅游科学,2017,

31(1)：12-27.

[12] 刘松,楼嘉军,李丽梅,许鹏.上海、南京和杭州城市休闲化协调发展比较研究[J].
现代城市研究,2017(11)：123-129.

[13] 刘松,楼嘉军.2003～2013年中国城市休闲化质量评估——耦合与协调双重视角
的考察[J].软科学,2017,31(2)：87-91.

[14] 刘润,马红涛.中国城市休闲化区域差异分析[J].城市问题,2016(10)：30-36.

[15] 楼嘉军,刘松,李丽梅.中国城市休闲化的发展水平及其空间差异[J].城市问题,
2016(11)：29-35.

[16] 李丽梅,楼嘉军.国外城市休闲化研究述评及启示[J].旅游学刊,2016,31(12)：
126-134.

[17] 楼嘉军,李丽梅,刘润.基于要素贡献视角的城市休闲化水平驱动因子研究[J].旅
游科学,2015,29(4)：1-13.

[18] 楼嘉军,马红涛,刘润.中国城市居民休闲消费能力测度[J].城市问题,2015,
34(3)：86-93+104.

[19] Shakibaei S, Oscar V P. Access to urban leisure：investigating mobility justice
for transgender and gender diverse people on public transport[J]. An
Interdisciplinary Journal，2022，DOI：10.1080/01490400.2021.2023372.

[20] Kang Lei, Yang Zhaoping, Han Fang. The Impact of Urban Recreation
Environment on Residents' Happiness—Based on a Case Study in China[J].
Sustainability, 2021, 13(10)：5549-5549.

[21] Dustin D, Lamke G, Murphy J, et al. Purveyors of one health：the ecological
imperative driving the future of leisure services[J]. Leisure Sciences，2020(9)：
1-5.

[22] Demi van Weerdenburg, Simon Scheider, Benjamin Adams, Bas Spierings,
Egbert van der Zee. Where to go and what to do：Extracting leisure activity
potentials from Web data on urban space[J]. Computers, Environment and

Urban Systems，2019，73：143-156.

［23］Mouratidis K. Built environment and leisure satisfaction：the role of commute time，social interaction，and active travel［J］. Journal of Transport Geography，2019，80(10)：1-11.

［24］Zmyslony，P. and Wędrowicz，K. A. Cities in the experience economy：the rise and the future of urban leisure formats［J］. Journal of Tourism Futures，2019，5(1)：185-192.

［25］Bürkner H J，Totelecan S G. Assemblages of urban leisure culture in inner-city Bucharest［J］. International Journal of Urban and Regional Research，2018，42(5)：786-806.

［26］Zajchowski C A B，Rose J. Sensitive leisure：writing the lived experience of air pollution［J］. Leisure Sciences，2018，42(1)：1-14.

［27］Kuang C. Does Quality Matter in Local Consumption Amenities? An Empirical Investigation with Yelp［J］. Journal of Urban Economics，2017，100(2)：1-18.

［28］Kim D，Jang S. Symbolic Consumption in Upscale Cafes：Examining Korean Gen Y Consumers' Materialism，Conformity，Conspicuous Tendencies，and Functional Qualities［J］. Journal of Hospitality & Tourism Research，2017，41(2)：154-179.

［29］Pritchard A. & Kharouf H. Leisure Consumption in Cricket：Devising a Model to Contrast Forms and Time Preferences［J］. Leisure Studies，2016，35(4)：438-453.

［30］Philippa H J. Changing family structures and childhood socialization：A study of leisure consumption［J］. Journal of Marketing Management，2014，30(15)：1533-1553.

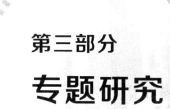

第三部分

专题研究

第五章　乡村振兴背景下城市郊区乡村旅游发展障碍与路径优化研究

——以上海为例*

第一节　绪　论

一、引言

党的十九大作出实施乡村振兴战略的重大决策部署。乡村振兴的总要求是"产业兴旺、生态宜居、乡风文明、治理有效、生活富裕"。产业兴旺是乡村振兴战略的物质基础,也是有效推进乡村振兴战略的重点和难点。乡村旅游根植于乡村自有资源,横跨一、二、三产业、兼容生产生活生态、融通工农城乡的综合性产业。从价值意义看,乡村旅游既可以满足人民对"美好生活"的向往,又能在一定程度上解决乡村"不平衡不充分发展"的局面;从功能属性看,乡村旅游不仅能满足城市居民休闲娱乐、消费高品质农产品的需要,还承担着传承农耕文化、建设美丽乡村、农业科普的重任。目前,乡村旅游已经成为中国式现代化进程中实现乡村振兴的有效途径之一。

---

* 本文作者：张晨,上海师范大学旅游学院。

乡村旅游产生和发展的主要动力之一是城市化进程日益带来的生活压力和城市居民休闲游憩的需求。学者们研究发现,城市郊区的乡村旅游发展最充分、最发达[1]。上海作为我国城市化最为迅速的地区之一,自20世纪90年代初就已开始启动乡村旅游发展,经过30多年的发展,乡村旅游逐渐呈现内容不断丰富、业态不断升级、水平不断提升的趋势。因此,探索上海城市乡村旅游在既有发展水平上如何实现转型升级,是值得研究的重大现实问题。通过探究这一问题,不仅有利于助力上海乡村振兴的全面可持续发展,更有利于树立乡村旅游新典范,为其他地区城市郊区乡村旅游发展提供样板借鉴。

二、文献综述

目前,关于城市郊区乡村旅游,现有研究主要体现在如下三个方面。

(一)城市郊区乡村旅游内涵界定

我国乡村旅游按区位分布划分为：景区边缘型、城市郊区型[2]和老少边贫型[3],其中城市郊区最为发达和典型。学者们从不同角度对城市郊区乡村旅游进行界定。

(1)空间范围。吴必虎[1]和吴国清[4]认为城市郊区乡村旅游地主要分布在所依托城市100千米范围内;张传时[5]认为城市郊区乡村旅游主要集中在距大城市25～30千米范围内,是大城市环城游憩带的有机构成之一。周继霞[6]认为距离依托城市行驶时间在两小时之内的为乡村旅游目的地。

(2)客源市场。吴国清[4]、刘婷婷[7]、Linlin[8]提出城市郊区乡村旅游客源主要依托大城市居民。基于上述研究,本文提出城市郊区乡村旅游是指距离依托大城市两小时内的车程的城市郊区,以城市居民为主要客源,以具有乡村性的自然和人文景观为吸引物的旅游形式。

（二）城市郊区乡村旅游内容研究

关于城市郊区乡村旅游的研究内容集中三方面。

（1）城市郊区乡村旅游的特点。吴国清[4]认为城市郊区乡村旅游除了具备乡村旅游基本特点外，还具有客源市场复杂性、文化城乡融合性、农业集约科技性。韩珊珊[9]认为城市郊区乡村旅游具有顾客来源稳定、兼具大城市和乡村文化特色、景区科技性大幅提升。

（2）城市郊区乡村旅游发展的优劣势分析。邹开敏[10]分析城市郊区乡村旅游具有地理位置优越、交通便利、异于城市的田园风光，以及存在乡土性不足、传统文化消失、开发粗放等劣势。笪玲[11]认为具有消费价格低、经营成本低、产业融合和调整空间大和产业带动大的优势。

（3）城市郊区乡村旅游发展策略。邹开敏等[10]提出文化创意视角发展城市郊区乡村旅游。段红艳[12]提出以增强游客体验为出发点发展城市郊区乡村旅游。

（三）城市郊区乡村旅游视角研究

城市郊区乡村旅游研究的视角主要集中在如下四个方面。

（1）体验经济视角。段红艳[12]提出增强游客体验进行都市旅游产品开发和营销。

（2）新农村建设互动视角。笪玲[11]探讨城市近郊地带乡村旅游发展与新农村建设的互动关系，获得有效实现两者的相互促进和良性发展的研究结论。

（3）消费感知视角。于秋阳等[13]从乡村旅游消费感知价值与选择偏好，分析城市郊区乡村旅游消费模式。

（4）人地关系视角。生延超等[14]从人地关系嬗变演化角度分析城市郊区乡村旅游的发展。

此外，通过学者的研究还可以发现，城市郊区乡村旅游的研究方法多以定性为主[11,15],少量的定量研究以问卷分析和结构方程模式为主[16]。

总体而言,学者们关于城市郊区乡村旅游的研究主要关注两个方面。一方面,普遍关注城市郊区乡村旅游是什么,以及如何做的问题,但与渐成体系的乡村旅游研究相比,以及如火如荼的乡村旅游发展实践相比,城市郊区乡村旅游的研究还相对滞后。另一方面,已有的研究或聚焦宏观层面,或基于某一视角,缺乏对影响城市郊区乡村旅游多元主体的系统探究,与城市郊区乡村旅游发展的充分实践不太相符。因此,本文在已有研究基础上,选择上海郊区 9 个区县 51 个乡村为样本,对乡村旅游发展过程中的相关利益主体,即政府、资本、农民和游客进行问卷调查和访谈,分析城市郊区乡村旅游发展面临的现实问题及其深层原因,进而提出优化发展思路,以期为城市郊区乡村旅游的高质量发展提供决策参考。

三、理论基础

"共生"一词最早源于生物学,德国真菌学家德贝里(Anton de Bary)于 1879 年提出,意为"不同种属的生物按照某种物质联系公共生活"。后经学者们完善形成共生理论。共生理论的核心是多元化共生单元构成的共生关系,包括共生单元、共生环境和共生模式三个重要概念。共生单元即共生主体,指构成共生关系的基本能量生产和交换单位;共生环境指的共生模式存在发展的外部条件[17];共生模式是共生单元之间相互作用或相互结合的形式。

共生理论被广泛应用于社会学、经济学、管理学等。自 2001 年钟俊开创了旅游共生理论基础的探讨后,旅游领域产生的大量研究成果,研究对象涉及生态旅游、生态环境、旅游开发、红色旅游、区域旅游、乡村旅游、旅游经济等众多方面。

乡村旅游具有多元主体及多元环境相互依存、互惠共生的特点。共生关系是乡村发展的决定性特征[18]。乡村旅游涉及政策、人才、资金、技术等因素,仅靠某一个体或组织很难完成开发、建设和运营,需要当地政府、旅游经营者、当地居民和乡村旅游者,甚至一些非政府组织等多个主体共同参与,形成合力,才能推动乡村旅游的发展。

　　学者们以共生单元为乡村旅游共生研究的逻辑起点,构建了以政府、村民、游客、旅游企业四类共生主体共生模式[19]。我们沿用当前主流的划分方式,将乡村旅游的共生体系划分为负责乡村旅游产业发展的当地政府、乡村旅游资源开发和经营的旅游企业、乡村旅游资源归属的本地村民以及享受产品和服务的乡村旅游者四个共生主体,构建以当地政府和企业为核心、村民参与就业、游客带来经济效益的共生体系(见图 5-1)。其中,政府发挥组织统筹作用,以高效正确的政策引导和完善的监督管理机制,如统筹规划乡村旅游资源,加强乡村基础设施建设和提升公共服务水平,实施旅游监督管理制度,保障旅游发展的协调性和持续性。旅游企业利用专业优势,将资金、技术和先进管理经验,将乡村旅游资源转化成乡村旅游产品和服务,带动乡村旅游产品链良性发展;拥有乡村旅游资源归属权的村民参与乡村旅游产品的开发运营、组织管理等过程,从根本上解

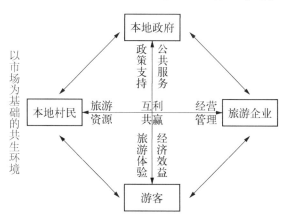

图 5-1　城市型乡村旅游共生关系图

决乡村旅游发展动力不足问题,也能分享产业转型带来的更多收益,实现农民增收。游客享受乡村旅游产品或服务,游客的认同能够产生持续的社会经济效益。

第二节　研究设计

一、案例地介绍

案例地范围为上海市中心城区外的郊区,包括闵行区、奉贤区、嘉定区、松江区、金山区、宝山区、青浦区、崇明区和浦东新区。上海郊区具备江河湖岛、古镇古村、江南田园、都市农业、平面林地等乡村旅游资源,郊区乡村依托上海大都市客源优势开展乡村旅游,乡村旅游已经成为上海都市旅游的重要组成部分。

上海乡村旅游正式起步于1991年的"南汇桃花节"。经过30余年发展,截至2023年3月,上海共有市级乡村旅游重点村51个,其中浦东新区2个,宝山区8个,闵行区2个,嘉定区5个,金山区7个,松江区4个,青浦区5个,奉贤区7个,崇明区11个。51个乡村包含了27个全国乡村旅游重点村,51个乡村推进乡村旅游开发时间先后不同,地理区位有差异,距离中心城区有远近,资源特色也不同,具有一定代表性。

二、数据来源

本文数据来源主要包括三方面:一是51个乡村旅游开展情况文字介绍。课题借上海市重点乡村旅游申报暨检查工作的开展,各乡村围绕资源禀赋、特色业态、主要开发运营模式、旅游业总体收入和就业等几方面总结汇报。共收到文字资料共计19万4千字。二是实地考察。课题组在 2023 年 3 月,选择 24 个乡村旅游目的地进行实地调研,考察资源禀赋、业态经营和乡村规划。三是半结构访谈。访谈于 2023 年 3 月开展,邀请 150 余名基层工作者和 200 余名经营者进行访谈,访谈包括乡村旅游规划执行、配套措施、区域协作、市场需求、利益联结等。四是问卷调查。问卷调研于 2023 年 2 月至 3 月进行,涉及政府、资本、村民和游客四个主体,从资源统计、旅游规划执行、政策扶持、配套设施落实、宣传营销、产品形态、经营业态、利益联结、经营主体培育、人才培训、游客体验等多方面展开调查。共计发放问卷 510 份,全部回收,有效问卷 99％。

表 5－1　上海城市型乡村旅游发展调查的主要内容

对　象	内　容	方　式
基层政府	资源统计	汇报材料、访谈
	规划及执行	汇报材料、访谈
	配套设施	汇报材料、访谈、问卷
	经营主体培育	汇报材料、访谈、问卷
	区域协作	汇报材料、访谈、实地
资　本	资本来源	汇报材料、访谈
	开发经营模式	汇报材料、实地
	特色业态	汇报材料、实地
	经营收入	问卷、访谈
	宣传营销	问卷、访谈
游　客	产品供给	实地、问卷
	总体感受	问卷、访谈
村　民	利益联结	汇报材料、问卷

第三节　研究结果分析

一、城市郊区乡村旅游发展运营特征

（一）党组织是乡村旅游发展的主心骨

党管农村工作是实现乡村治理现代化的基本前提,也是党的优良传统。农村基层党组织能够有效应对乡村旅游发展中的多种难题,是乡村旅游发展的坚实基础。调研发现,党组织在乡村旅游发展中的作用主要体现在:一是制定规划并执行。在明晰乡村土地特征、资源特征、农户情况、文化历史留存,整合村内土地、资金、技术、人才和产业相关资源,制定乡村旅游规划并执行。目前,94%的村庄制定旅游规划,且65%的村庄执行效果较好。二是协调各方利益。所有被调研的村庄普遍提到基层党组织是做好企业与村民、村集体之间的桥梁,在流转土地、增加农民岗位、出租闲置民宅,实现农民长效增收等方面发挥了重要作用;三是做好基础设施工作。汇报资料都提到政府打造基础设施,并引入可持续发展的社会资本合作,增加村级财政收入,带动周边经济创业环境的措施。四是做好政策宣传工作。将乡村旅游的相关政策和措施传达到户,提高村民对乡村旅游高质量发展的认识,带动村民共同参与到乡村旅游的高质量发展。五是引用乡贤能人。各村庄都出台不同培养、选拔和吸引有经验的能人和乡贤的措施,保障乡村旅游可持续。

（二）探索村落联动合作开发模式

调研发现,部分乡村以实施乡村振兴战略为契机,将村庄规划、美丽乡村建设规划与旅游规划结合;部分乡村跳出单一村落发展局限,率先提出村村联动、全镇互动,甚至跨镇、跨区联动,联动周边旅游资源,推进空间连片统筹发展,通过优势互补、资源共享、成本共担、渠道共用,共同打造生态农业旅游区。

（三）引进社会资本,采用企业运营模式

在乡村振兴背景下,大量资本参与农村的环境治理、产业建设、投资融资等。调研发现,乡村旅游投资方包括私有企业、国有企业、混合制企业、民营企业、集体企业、央企等。社会资本采用企业经营模式与农民建立了广泛的利益联结机制,主要方式有:一是公司＋政府＋农户:政府引导下,公司与农户建立合作关系;二是公司＋村集体＋农户:公司与村集体合作,村集体组织农户参与;三是公司＋农户:公司主导经营,吸纳当地村民参与经营与管理;四是公司＋基地＋农户:公司与农户订立合同,为农户提供生产原料、技术服务和成品回购。五是政府＋村集体＋公司＋农户:政府引导、村集体统筹、公司主导、农户参与。六是公司＋合作社＋农户:合作社是公司与农户连接的桥梁,农户、合作社、公司三方共同参股成立新的乡村旅游公司,按照现代企业经营模式。

（四）乡村旅游富民效果显著

乡村旅游产业发展不仅需要借助外界社会资本,也需要乡村内生动力即当地村民的支持。调研发现,当地村民从乡村旅游发展中获益显著,获益渠道依次来源于四方面:一是利用村民现有房屋、土地资源,获得租金收益;二是村民经济组织入股合作公司,获得固定股权收益;三是参与旅游项目提供的工作岗位,获得工资性收益;四是村民自行经营民宿、农家乐和农产品等旅游项目,获得经营收益。其中乡村旅游经营项目依次主要有休闲娱乐活动、民宿、特产物产销售、餐饮和农家乐。必须提到的是,调研中多个乡村提到:疫情防控使得越来越多的游客选择近郊游,上海周边乡村游客接待量较前几年增幅很大。以崇明为例,崇明民宿在疫情期间出现一房难求的情况。

二、城市郊区乡村旅游发展障碍分析

（一）资金短缺制约乡村旅游高质量发展

乡村旅游资源的开发、旅游市场的拓展、旅游基础设施建设、旅游服务能力提升都需要资金投入。资金投入不足会影响乡村旅游的整体形象。调研发现，尽管所有乡村都受到乡村旅游资金扶持，且有54％的村庄支持力度大。由于乡村旅游发展程度不同和地理位置的差异，如有的村庄乡村旅游发展到一定阶段后，提出扩大经营规模、推出新产品仍需要大量资金投入；有的村庄提出公共设施的养护、绿化养护的长效管理机制经费不足问题；有的偏远村庄提出交通瓶颈依然存在，所以目前几乎所有村庄都存在扶持资金不足问题。

（二）宣传不够、核心产品竞争力不强

乡村旅游发展过程中，很少在旅游市场上看到有乡村旅游的宣传，产品品牌营销方面的工作更是欠缺。调查显示，55％的经营者通过微博、抖音、微信等自媒体宣传，45％的经营者依赖当地政府打包宣传。通过自媒体营销的经营者仅针对自身单一项目或单一产品开展宣传营销，其覆盖面、影响力和规模效应有限。当地政府受资金、能力和人才等条件约束，对乡村旅游的推介力度很弱。与此同时，乡村旅游存在核心产品竞争力弱的问题。乡村旅游产品的核心价值是其特有的乡风文化与自然资源结合的乡村旅游项目。然而，目前乡村旅游开发仍集中在农家乐及特色餐饮住宿体验、农业观光及采摘的田园农业等方面，如78％的村庄经营民宿、65％的村庄经营农家乐；82％的村庄开展田园采摘等活动。很多游客反映"刚开始还有新鲜感，去多了就觉得大同小异，没有特色，没有长期可以吸引游客的项目"。

（三）用地、消防和产权难题困扰乡村旅游投资运营

调研发现,城市郊区乡村旅游开展过程中面临三方面的难题。一是受土地性质限制。乡村很多地块无法应用于拟实施的项目,加上土地性质变更指标严格、手续复杂,一定程度上影响了产业项目的规划实施,如多个村庄反映停车场和公共厕所等服务配套设施不足,要求增加建设用地。二是房屋性质政策制约。部分乡村民宿、农家乐经营场所并非商业用地,而是农户自家宅基地,而民宿、农家乐等证照办理的前提条件是具有产证,属性要求商业用途,所以证照申请较为困难,即使通过相关部门合力协调,从申请到取得,过程也较为漫长,再加上部分民宿、农家乐建筑构造不能满足消防保障及其他安全保障设施要求,在办理营业许可证时也会遇到很多困难,影响了投资运营的积极性和总体进度。

（四）游客体验感仍需提高

游客青睐城市郊区乡村良好生态环境和美丽乡村风光,认为乡村适合周末休闲游玩;游客也非常喜爱乡村物产,认为乡村不仅特产物产丰富,而且菜品新鲜。但遗憾的是,乡村相应的配套设施如住宿、餐饮、停车位、公共厕所、卫生等是游客诟病较多的地方。有的游客反映"停车位少且设置不合理、公厕少,缺少餐饮和住宿设施"。总的来说,游客普遍认为上海近郊乡村旅游农田风光好,季节性明显,但农业体验和民俗体验不强。可见,从游客视角来说,上海周边乡村旅游比较缺乏亮点和特色,缺少长期吸引游客的游玩项目,服务质量参差不齐,这是导致游客黏性较差的主要原因。

第四节　城市郊区乡村旅游高质量发展路径

城市郊区乡村旅游的主要客源是城市居民,居民一方面希望体验闲

适恬静的乡村意境寻找乡愁,另一方面又无法放弃现代城市生活的便利。因此,如何保持乡土性特征,在提供游客独具特色的乡村生活方式的同时,还能满足游客和村民对现代化生活的追求,这对城市郊区乡村旅游可持续发展,实现乡村的全面振兴具有重大价值。

一、植入乡土文化,提升核心产品竞争力

乡村旅游的突出特征是乡村性,其本质内涵是乡土文化。乡土文化是乡村旅游吸引游客的灵魂,没有乡土文化的支撑,乡村旅游将不再有生命力,乡村风貌也失去原有价值。既然乡村游客追求的是乡村自然景观、传统民俗文化对比城市产生的差异化感受,那么乡村旅游的核心产品应该是具有农字特色和乡土味道的体验,比如农事体验、特色饮食体验、独特工艺品和农产品的购买体验、传统文化体验、民俗节庆体验等,让游客参与其中,享受乡土文化带来的身心愉悦。

二、解决土地难题,完善配套设施建设

发展乡村旅游需要土地资源支持户外设施建设,如休息区、停车场、厕所等,但目前乡村旅游的用地需求却很难得到满足。为解决乡村旅游用地难问题。一是从"旅游业是现代服务业的重要组成部分"高度去统筹建设用地。乡村旅游既具有农业特征,也具有旅游业特征。农业特征需农地农用,旅游业特征可根据吃住行游购娱实际需求配置建设用地。旅游业是现代服务业范围,乡村旅游可以按照现代服务业要求配置建设用地。二是采用乡村旅游点状供地模式[20]。国家多份文件明确鼓励各地"探索针对乡村产业的省市县联动'点供'用地"的文件精神,采用"建多少,转多少"原则,用地来源包括存量的集体经营性建设用地,也包括农地转用、未利用地转用、宅基地退出、废弃集体公益事业、公共设施用地整理

并转性的新增集体经营性建设用地。三是将乡村旅游用地纳入乡村旅游规划。村庄规划应考虑乡村旅游空间布局和用地规模。在村庄规划中可采用"预留用地"和"预留指标"方式,满足乡村旅游建设用地需求。

三、出台相关政策,支持乡村旅游可持续发展

消防和产权问题也是长期困扰乡村旅游的难题。目前乡村商用设施多为简单套用城市消防标准和要求,导致大量乡村旅游设施尤其是农房改造的设施无法或"违章"投入使用。为解决此消防难题,建议消防主管部门开展专题调研,研究出台乡村旅游接待设施消防建设标准和管理规范。至于旅游资源产权难题,在坚持农民利益不受损、农民为主体的前提下,出台旅游资源权属、产权转移方式、旅游土地流转、社会资本投资相关旅游资源与资产法定化以及集体共有资产权利分配等方面的相关支持政策,促进乡村旅游规范化、市场化发展。

四、多方法多途径,提升乡村旅游品牌知名度

一是建立品牌形象和标识。在乡村旅游推广中,一个好的品牌形象和标识可以提升品牌知名度,吸引游客的注意力。在品牌设计中体现乡村旅游的特色和魅力,如当地自然风光、特色美食、民俗文化,在宣传资料和营销活动中使用这些元素。二是强化游客体验。在强调乡村性的前提下,多方位、多角度发展体验式乡村旅游,注重定制旅游,满足游客个性化需求,同时,加强旅游服务质量提升,提高游客满意度。三是创新营销策略。制定出具有创新性和针对性的营销策略,利用多种渠道进行宣传推广。例如,利用社交媒体,发布当地美食、美景、民俗等内容,举办活动和比赛吸引游客和媒体关注,并增强乡村旅游体验。同时,引导游客在各种社交媒体进行评价和分享,积极推广品牌口碑。

参考文献：

[1] 吴必虎,黄琢玮,马小萌.中国城市周边乡村旅游地空间结构[J].地理科学,
2004(6)：757－763.

[2] 贺小荣.我国乡村旅游的起源、现状及其发展趋势探讨[J].北京第二外国语学院
学报,2001(1)：90－94.

[3] 王兵.从中外乡村旅游的现状对比看中国乡村旅游的未来[J].旅游学刊,
1999(2)：38－42＋79

[4] 吴国清.都市型乡村旅游发展创新研究——以上海市为例[J].生态经济,
2008(10)：104－108.

[5] 张传时,李世平,李强等.西安市都市型乡村旅游开发研究[J].西北大学学报(自
然科学版),2010,40(3)：510－514.

[6] 周继霞,苏维词.重庆环城游憩带乡村旅游可持续发展评价研究[J].乡镇经济,
2007(7)：36－40.

[7] 刘婷婷.城市近郊乡村旅游转型升级研究[J].农业经济,2018(9)：41－43.

[8] LINLIN D, LI W, BIXIA X, BIHU W. How to Improve Rural Tourism
Development in Chinese Suburban Villages? Empirical Findings from a Quantitative
Analysis of Eight Rural Tourism [J]. Area, 2017, 49(2)：156－165.

[9] 韩珊珊.文化创意视角下都市郊区型乡村旅游发展研究——以合肥市为例[J].四
川旅游学院学报,2020(5)：48－51.

[10] 邹开敏.基于文化创意视角的都市郊区型乡村旅游转型升级模式及途径研究[J].
南方论刊,2018(11)：25－28.

[11] 笪玲.都市近郊乡村旅游发展与新农村建设互动关系探析[J].农业现代化研究,
2010,31(6)：683－687.

[12] 段红艳.体验经济视角下都市近郊休闲农业与乡村旅游发展新思路——以武汉
市远城区为例[J].科技创新导报,2017,14(33)：237－238,240.

[13] 于秋阳,王倩.网络情境下都市型乡村旅游消费感知价值与选择偏好研究[J].上

海经济,2022(3)：16-32.

[14] 生延超,刘晴.都市近郊传统村落乡村旅游嬗变过程中人地关系的演化——以浔龙河村为例[J].旅游学刊,2021,36(3)：95-108.

[15] LI H, YONG L, JINGYUAN Z, YUEJING G. Research on Planning Management of the Leisure and Tourismoriented Suburban Villages Based on System Theory [J]. MATEC Web of Conferences，2018，175：6.

[16] 张欣然.社区居民对都市近郊乡村旅游影响的感知与态度的实证研究——以成都花香果居景区为例[J].中国农业资源与区划,2016,37(12)：243-248.

[17] 邹统钎,陈序桃.乡村旅游经营者共生机制研究——以北京市怀柔区北宅村为例[J].北京第二外国语学院学报,2006(9)：67-73.

[18] YANG C, HUANG J, LIN Z, et al. Evaluating the symbiosis status of tourist towns: The case of Guizhou province, China. Annals of Tourism Research, 2018, 72: 109-125.

[19] 乌拉尔·沙尔赛开.共生模式下乡村旅游发展优化策略[J].社会科学家，2020(8)：50-56.

[20] 臧昊,梁亚荣.乡村振兴背景下乡村旅游点状供地的实践困境及破解之道[J].云南民族大学学报(哲学社会科学版),2021,38(4)：63-73.

第六章 上海市城市夜间文旅消费空间的发展机理与实践治理模式[*]

第一节 绪 论

一、引言

夜间经济是后工业社会的另一重要特征[1]。目前,城市逐渐由以生产因素为核心的"增长机器"[2]转化为以消费、创新、文化为动能的"娱乐机器"[3],城市的命运越来越取决于能否吸引到消费者[4]。而正是由于夜间经济能够在居民更新过程中发挥重要作用[5],在欧洲国家城市再生计划的推动下,夜间经济已成为城市形象建设的核心[6]。发展状况良好的夜间经济能够塑造包容、自由、放松的社会空间,较好地体现城市的消费功能和宜居性,是吸引消费者居住的重要因素。此外,创意阶层有着更加强烈的社交需求,需要依托夜间消费空间去激活灵感,完成创意生产。因此夜间经济持续活跃,成为政府提升城市活力与实现可持续创新发展的重要依托。夜间也就成为城市推进实现文化、旅游消费业态创新与场景

* 本书作者:王慧彤,上海师范大学旅游学院;朱文娟,上海中船文化传媒有限责任公司。

更新的新空间。为解决消费需求与供给错配的发展瓶颈，实现文旅夜游高质量发展，2019 年《国务院办公厅关于进一步激发文化和旅游消费潜力的意见》指出，要大力发展夜间文旅经济，并明确提出建设国家级夜间文旅消费集聚区的任务。因此各级政府积极引导市场激活城市存量空间，基于地区特色文旅街区、商业空间、创意园区等培育特色夜游消费场景。目前，全国已先后分两批建设了共计 243 个消费市场活跃、业态集聚度高、文化内涵丰富的国家级夜间文化和旅游消费聚集区。夜间文旅消费空间的更新发展也成为城市参与区域文旅消费中心竞争的重要场域。自20 世纪 60 年代起，西方城市由工业生产转向消费，消费性场所取代生产性场所成为城市的标志[7]，城市消费空间成为学者研究关注的焦点。在20 世纪七八十年代，城市地理学出现"文化转向"，人文社会科学出现"空间转向"，因此学者愈发关注物理消费空间背后的文化特质及文化消费的空间特征。特别是城市消费空间在实践中出现了"由空间中的消费"向"空间消费"的转变[8]。文化消费空间研究成为重点话题。随着夜间消费在城市经济活动及居民日常生活中的地位越来越重要，实践中各种商业、旅游业企业也瞄准市场商机，纷纷开展各种各样的城市夜间服务[9]。与此同时，为满足现代人更加多样化的需求，夜间旅游经济活动的业态供给也向现代转变，夜间消费场景的打造成为影响消费者的体验的重要方面[10]。因此，文旅消费空间的研究出现"夜间转向"。夜间经济区的创新融合发展路径及治理机制等成为研究的新焦点。经由以上研究背景的分析可知，夜间文旅的高质量发展对于激活城市消费潜力至关重要，是当前学界与业界均十分关注的焦点话题。但从现实发展来看，极大部分城市在夜间文旅消费空间营造方面存在短板，缺乏地标性项目和现象级产品。市场热度与现实发展间存在的巨大反差引人深思。因此在城市存量更新的时代背景下，必须厘定夜间文旅消费空间发展与治理创新的路径，化解市场供需之间的错配问题。因此本研究以上海市第一批、第二批国家级夜间文旅消费集聚区为例,梳理上海市夜间文旅消费空间发展演化、发展机理与治理模式等,识别不同类型夜间文旅消费空间的实践表征,以期为未来夜间消费空间发展与治理创新提供理论指导和实践借鉴。

二、国内外研究进展

(一)夜间经济与文旅消费

1. 夜间旅游的类型与载体

随着夜间旅游的火爆,夜间旅游活动也层出不穷。根据活动类型,文彤将夜游产品分为了表演型、观光型与参与型[11]。曹新向又在此基础上增加了目的地专门设计的与白天不同的综合型产品模式[12]。根据旅游目的地的不同,学者们又将夜间旅游产品分为城市夜游产品、古镇夜游产品与乡村夜游产品[13];休闲街区模式、景区夜游模式、旅游演艺模式、民俗节庆模式以及灯光艺术模式[14]。此外还存在夜游公园模式[15];工业遗址夜游[16];购物夜游[17]等。从广义上看,夜游活动主要分为两类。一类是白天的休闲活动在夜间的延伸。因此许多白天的游览空间通过延时开放成为夜间旅游载体。例如知名建筑、遗产地、古镇、博物馆、工业遗址等文化空间;商业街区、商业综合体等旧商业空间;动物园、公园等户外自然空间。这些空间载体通过采取光艺术、照明策略营造出特色的景观,并提供独特的旅游体验[18]。另外一类是夜晚特有的消费活动,包括星空观测游[19]、酒吧[20]、夜间演艺与节事[18]、灯光秀[21]等。因此夜空景观地、夜间休闲场所、戏剧院等文化场馆,以及夜间演艺、夜间节事活动等临时性空间等均成为夜间旅游的重要载体。

2. 夜间旅游的消费活力评价

"活力"的概念最早由简·雅各布斯提出,他认为城市活力来源于内部人和人的活动,以及生活场所相互交织产生的多样性[22]。蒋涤非认为城市活力是提供给市民人性化生存的能力,城市产生活力的本质是人的聚集与活动[23]。广义上看,城市活力是指城市维持积极运转的综合能力,是其旺盛的生命力;而从狭义上看,城市活力是指城市空间活力。本文研究的主要是狭义范畴内的城市夜间文旅消费空间活力。由于活力空间能够激发商业吸引力与经济活力,传达人文价值,增强城市凝聚力[21],学者对空间活力的测度、影响因素等进行了较为深入的探究。

空间活力测度方面,人流量相关指标通常作为空间活力的最直接的表征方式。研究者基于移动定位等时空大数据源对人群活动进行表征,其中手机数据是最先受到欢迎和关注的数据源[24]。此后,POI 数据、GNSS 定位数据等其他大数据等也逐渐被应用于公共空间活力评价的相关研究中[25]。而为了测度夜间消费空间这一特殊时空范畴内的空间的活力测度,李媛等引入夜间灯光矢量数据,期望以灯光密度来代表消费环境夜间的活力强度[26],并综合 POI 数据、百度搜索指数等构建"人—活动—空间"的活力评价体系,对长三角城市群各国家级夜间文旅消费集聚区的消费活跃度进行了测度。从相关测度可知,除自然环境与社会因素外,人群的聚集度、消费舒适物的密度及空间场景是微观集聚区视角下影响夜间文旅消费活力的主要因素。

3. 夜间旅游与文旅融合

由于有些地方政府对于夜间旅游的认识还停留在景观照明的阶段,导致地区夜间消费模式单一,缺乏文化内涵。由于夜间经济并非日间消费活动的机械延伸,以文旅融合赋能夜间经济提质升级的重要性与日俱增。肖波等[27]就博物馆夜间开放的实践进行了梳理。赵迎芳[28]则指出,城市独特的文化肌理具有不可复制性,因此要依托地方文化、民俗风情等,打造多元文旅消费场景,塑造独特的夜间文旅消费品牌。赵迎芳更是认为,内容创作与生产及其背后的创意创新是夜间旅游创新发展的核心与基础。储德平等[29]在对中国夜间经济政策的发展演进进行梳理时发现,文娱活动在夜间经济的早期探索阶段就成为政府用来优化业态结构的重要手段。随后在初级发展阶段,政府有意推动在消费空间中嵌入更多的文化活动,并在当下的快速发展阶段转化为对文艺演出、节庆展会及文旅融合行动的重视。傅才武等[30]也从场景视阈出发,讨论了长沙超级文和友依托"文旅＋"及网络流量,实现地域文化的"凝视"与"唤醒",建构出夜间文旅消费热点的积极实践。

同时,研究者们还肯定了数字科技等新质生产力的创新应用在难忘的旅游体验塑造,一定程度上帮助城市实现"弯道超车"等方面的积极作用。学者们认为夜间灯光对城市空间景观的营造,对于公共空间具有振兴和改善功能。在夜间旅游的文旅融合中,可以借助技术手段将城市故事、文化底蕴以艺术化的方式呈现出来。一方面,可以采取光艺术、照明策略促进建筑或自然遗址的保护和展示[21],以光影声电技术打造沉浸式体验空间,创造更多让消费者流连忘返的夜间体验场景。同时相关技术进步还可以不断催生新的文化展示方式。从早期的博物馆藏品陈列到民族村落的微缩景观,从传统艺术表演到声光电背景烘托的表演,从实物展陈、实景演出到以声光电技术的虚拟再现等,均为游客提供了愈加沉浸式的旅游体验[26]。此外,光影演艺也可以通过声光电、水雾火、全息投影、多维激光等新型舞台技术,展现高端的视听效果。如扬州瘦西湖借助多媒体技术,打造了"二分明月忆扬州"沉浸式夜游项目,对五亭桥、熙春台区域核心光影进行优化升级,以变幻的光影效果呈现春夏秋冬的四时变化,让游客可以一日看尽扬州四季美景。通过多媒体技术场景,景区可以实现四季、多频等多种需求,并设计出新的内容和玩法,为景区打造独特卖点。

（二）夜间文旅消费空间更新与治理

1. 城市更新与治理

从发展模式看,相关研究主要从权利主体与组织方式、功能属性与主题分解两个维度展开。权利主体与组织方式方面：虽然李杨等[31]主张提出完善的制度化的政策体系和改良的实施机制来刺激更新路径的转换，但姜雷等[32]认为，所谓的技术路径，从根本上致力于权力主体和权力组织方式的推动。因此据主导方观察，城市更新的主体参与路径主要有三种分异，即由政府牵头，介入其他主体的"自上而下"路径；居住改善或潜在经济效益驱动基层群众改造动力的"自下而上"路径；协调多方诉求，并从多维度、多层面共同发力的"上下联动"路径[33]。时至今日，以"居民参与"和"社区合作更新"等为代表的政府、开发商与社区等多方参与及共治的发展趋势已达成共识[34]，消费社会中创意阶层的作用更是愈发凸显[35]。

与此同时，由于城市更新改造涉及空间功能调整与功能升级等[36]，相关学者从更新主题切入，针对废弃工业区、旧城中心、历史街区等空间类型，构建仅针对功能属性或空间主题的发展模式。王炼军等[37]就按用地分类对历史文化街区、老旧社区、公共空间、商务楼宇4种类型的再开发提出对策。其他学者则分别就文化遗产[38]、近代风貌空间[7]、餐饮空间[39]、旧城街区[35]、闲置工业空间[40]等不同功能属性空间的更新塑造进行了具有针对性的深入讨论。黄怡等也指出，由于某一对象（地段）的功能连接作用和职能演变会随着其外部条件变化而做相应的调整，故要以功能需求的满足为路径推动空间的更新工作[41]。因此，从功能属性与主题分解的维度切入，讨论城市（文旅）消费空间的创新发展模式也就成为重要的研究视角。

2. 夜间文旅消费空间更新与治理

为满足现代人更加多样化的需求，夜间旅游经济活动的类型需求也正由传统向现代转变。据美团研究院发布的2018年消费数据，消费者心理和文化层面的夜间消费诉求迅速增长[42]。这预示着在地文化内核与场所精神将成为夜间文旅消费活动的重要价值来源与特色竞争力来源[43]。因此要深挖城市历史文化，以节庆、演艺、景观及现代新业态激发城市商业空间与历史文化街区等的夜间文旅消费潜力[44]。因此各类夜间消费空间不断通过文化符号的建构与消费舒适物的打造,培育城市特色夜间文旅消费场域[45]。纽约市便是以强烈的艺术氛围植入夜间场景,以满足旅游者个性化、小众化的消费需求[46];国内的长沙超级文和友也是依托地方记忆的储存和符号价值载体的激活,打造出具有时空区隔的特色夜间文旅消费场域[30]。文化性、地方性嵌入的场景化成为新型夜间文旅消费空间更新发展的一种重要策略。而随着数字技术的突破与创新应用,夜间消费空间的声光营造似乎有了新的可能。这是由于数字技术在动态展示、参与互动、沉浸体验、IP 品牌等夜间文旅产品开发中的积极作用[47]。相关研究更是指出通过科技方式连接夜游场景的内部节点,能够形成夜间旅游环路[48]。

第二节　研究方法与研究案例

一、研究方法

(一)文献研究

本研究通过 Web of Science 核心期刊引文索引数据库、超星发现索引数据库、中国知网文献数据库等中外文文献数据库;中国政务网、上海市人民政府网、上海市文化和旅游局网、上海市商务委员会、其他政府部门官网及官方微信公众号;携程、猫途鹰官网等网络平台;上生新所等夜间文旅消费空间官网公众号;高德等地图服务公司等,全面查阅、获取、整理关于夜间文旅消费空间更新的国内外期刊论文、硕博论文、学术专著、相关的政策文件、专家评论、市场参与主体采访报道等资料,并进行进一步的归纳与处理。

(二)案例研究

"案例研究"作为一种验证理论、阐释概念、发现和描述未知现象的有效研究方法,同时也是对某一处于现实环境中的实践现象进行多维考察的经验性研究方法,案例研究方法非常适用于回答"怎么样""为什么"的问题的质性研究方法。本研究在国内外文献研究的基础上,选择上海第一批、第二批国家级夜间文旅消费集聚区作为研究案例地。研究者于2023年2月—2023年10月多次对案例地进行实地调研,采取实地观察与深入访谈的方法收集论文所需数据。

（三）量化研究

量化研究是用数学的工具对事物进行数量的分析,就是将问题与现象用数量来表示,进而去分析、考验、解释,从而获得意义的研究方法和过程,以测定对象特征数值,或求出某些因素间的量的变化规律。本研究通过将获取得到的手机信令数据与城市 POI 数据融合(见图 6-1),测度上海市夜间文旅消费活跃度,识别上海市夜间文旅消费的空间特征,为研判上海夜间文旅消费空间质态打下基础。

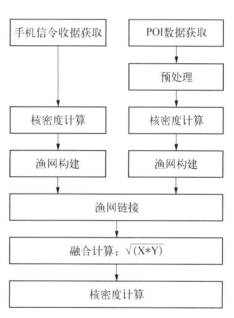

图 6-1　基于手机信令与 POI 数据融合的夜间消费活力计算

二、研究案例

为探究夜间文旅消费空间的发展与治理创新,文章选择上海市第一批、第二批国家级夜间文化和旅游消费集聚区(全文称夜间文旅消费集聚区)为研究案例,试图识别上海市夜间文旅消费空间的发展现状与治理模式创新。国家级夜间文旅消费集聚区是由文化和旅游部分批次遴选的具有典型示范和引领带动作用的夜间文旅消费空间,旨在培育新的消费增长点,推动文化和旅游消费持续扩大。具体来看,上海市现有三批次,共16家国家级夜间文旅消费集聚区。受限于研究的时间安排(第三批国家级夜间文旅消费集聚区于2024年1月底公布),选择上海市第一批、第二批,共12家国家级夜间文旅消费集聚区作为研究案例地。

第三节　研究结果分析

一、上海市夜间文旅消费集聚区更新的发展演化

(一)夜间文旅消费集聚区的形成发展

1. 城市更新行动的游憩化趋向

上海市自2015年5月发布《上海市城市更新(实施)办法》后,上海在多年的实践积累下,逐步借助规范化的政策办法与"试点试行"推进了城市更新的制度体系构建与实践发展,构建了"1+N"城市更新政策体系。

2016年启动的上海城市更新四大行动计划,包括共享社区计划、创新园区计划、魅力风貌计划、休闲网络计划,主要针对"社区服务、创新经济、历史传承、慢行生活"等四个市民关注焦点和城市功能的主要短板,开启全社会共同参与的城市实践行动,推动上海"卓越的全球城市"的建设。确定了12个典型性、创新性、公众性与实施性均比较突出的项目,采用"12+X"的弹性管理方式选取与推进。上海先后出台一系列城市更新政策,如《关于深化城市有机更新促进历史风貌保护工作的若干意见(2017)》《上海市城市更新行动方案(2023—2025年)》《上海市城市更新条例》等强调要注重历史风貌保护和文化传承,拓展文旅空间。并且通过激励不同市场主体加入文化旅游产业,为城市更新的打造带来社会资本、人

才智库、科技支撑及模式创新。可见游憩化发展依托在吸引多元主体参与推进城市更新由被动更新转向主动更新，并激活城市老旧空间的产业动能与消费活力，带来宜居宜游的综合效益等方面的巨大优势，成为上海市城市更新的重要发力点。典型案例包括"一江一河"大都市滨水区更新、外滩第一立面、第二立面更新、首个保护性征收改造的城市更新项目——张园、长宁幸福里等，均是依托文旅产业赋能空间产业功能、游憩功能、休闲功能等多元功能的转型升级。

2. 文旅消费空间的夜间化趋向

上海依托社会主义现代化国际大都市及国内国际双循环的战略衔接的发展定位与优势资源，深耕厚植"红色文化、海派文化、江南文化"，将更多的都市资源转化为旅游产品，并持续推进"文旅＋"产业深度融合与数智化融合，锻造了上海旅游业的核心吸引力。当前上海的文旅消费市场持续活跃，市场消费活力不断激发，位居《2022 福布斯中国消费活力城市榜单》第二位。同时，2022 年上海社会商品零售总额位居全国首位；并以5 375 亿元跻身中国城市旅游收入第三位，是全国都市旅游首选城市之一。

文旅消费空间创新发展方面，上海市文旅资源的丰富与创新能力不断提升，已形成若干有特色的都市文旅品牌与文化地标。上海依托其拥有的文博展览、时尚商圈、历史遗存、创意园区、数字体验、夜间文旅场景等特色资源，打造文旅消费新产品、新平台、新场景、新市场。并已形成一批业态多元、功能复合、主题鲜明的"都市型、国际化、综合性"的文旅消费集群。随着国家层面多次发布通知提及鼓励发展夜经济和夜游项目，文旅消费活动与消费场景的夜间化延伸与转型受到各级政府的重视与支持。从上海市国际文化大都市建设、国际消费中心城市建设的十四五规划，商业空间专项布局规划等市级发展规划以及"一江一河""上海国际旅游度假区""上海国际邮轮旅游度假区"等上海市高等级、特色文旅消费区发展规划可知,"1+15+X"的夜间经济空间布局体系是丰富上海市特色文旅消费供给,激活区域文旅消费活动,展示丰富多元的全球城市夜间魅力,塑造特色文旅消费名片的重要时空维度。"1+15+X"的夜间经济空间布局体系与旅游、文化、商业等转型发展规划的深度融合,也体现了夜间经济在推动商旅文体要素集聚,搭建商旅文体产业要素创新融合落地场景,培育文旅消费增长新引擎方面的重要价值。因此夜间化延伸与转型就成为当前上海市文旅消费空间创新发展的重要方向。

3. 夜间文旅消费集聚区的形成

在国务院发布《国务院办公厅关于进一步激发文化和旅游消费潜力的意见》,推动发展夜间经济之前,上海市就出台《关于上海市推动夜间经济发展的指导意见》,提出建立"夜间区长"和"夜生活首席执行官"制度。

随后上海市持续推动夜间消费空间及消费业态更新。在公布的《上海市商业空间布局专项规划(2021—2035年)》《夜间经济空间布局和发展行动指引(2022—2025)》中提出打造"1+15+X"的夜间经济空间布局体系。同时为夜生活"造节",依托"上海市五五购物节"举办标杆性活动"上海市夜生活节",围绕"街区、水岸、社群"在线上线下推出了200余个特色活动,发布100个上海市夜生活好去处。此外,上海市同样致力于推动夜间文旅消费空间治理创新。上海市发布《关于进一步促进和扩大消费的若干措施》,提出建设"上海市夜间经济精细化治理示范区",构建政、企、协共管共治"夜间经济发展新模式"。现已推出100余位夜生活首席执行官,设立夜间生活办公室,积极推动行业协会组建,筹备上海市夜生活首席执行官理事会,从立法、执法、管理、服务、监督已形成较为完善的治理体系。因此形成了一大批各具特色的夜间文旅好去处。目前,在文化和旅游部的认定下,上海市先后分三批共获批16家国家级夜间文旅消费集聚区。

(二) 夜间文旅消费集聚区的空间格局

上海市第一批六家、第二批六家共 12 家国家级夜间文旅消费集聚区,在数量上领先于北京的 11 家,处于市级行政单位的首位。与其他省级行政单位相比也仅次于四川省的 13 家(见表 6 - 1)。由此可见上海市在夜间文旅消费资源配置及消费活跃度方面处于全国首位。

表 6 - 1　国家级夜间文旅消费集聚区入选地区及数量(第一批、第二批)

地区	省　份	数量	总计	地区	省　份	数量	总计
东部地区	上海市	12	96	西部地区	四川省	13	86
	江苏省	12			重庆市	12	
	浙江省	12			广西壮族自治区	11	
	山东省	12			云南省	10	
	北京市	11			贵州省	8	
	广东省	11			陕西省	8	
	福建省	11			甘肃省	5	
	河北省	8			内蒙古自治区	4	
	天津市	4			新疆维吾尔自治区	4	
	海南省	3			宁夏回族自治区	4	
东北地区	辽宁省	5	11		西藏自治区	3	
	吉林省	4			青海省	2	
	黑龙江省	2			新疆生产建设兵团	2	

续　表

地区	省　份	数量	总计	地区	省　份	数量	总计
中部地区	江西省	11	50				
	湖南省	10					
	河南省	9					
	安徽省	8					
	湖北省	7					
	山西省	5					

空间格局方面,从基于手机信令与 POI 数据融合测度的上海市夜间文旅消费活力(见图 6-2)可知,上海市 12 家夜间文旅消费集聚区在宏观尺度下呈现显著的"城市向心化"的中心集聚特征。即在极小的地理空间范畴内集中分布,且主要围绕"一江一河"所围成的中心城区(黄浦区、徐汇区、静安区)集聚。距离最近的安福路文艺街区仅距离衡复

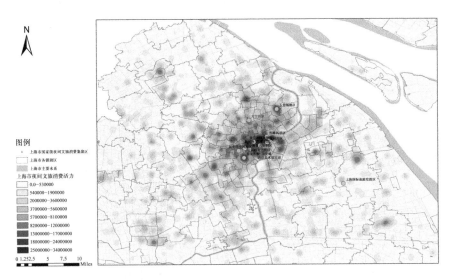

图 6-2　上海市夜间文旅消费活力(大比例尺/2023 年 7 月晚 8 时)

音乐街区不到一公里车程。此外仅分别在大宁区、杨浦区、浦东新区各分布一处，具有明显的"核心—边缘"特征，呈"卫星环绕式"分布。因此从上海市域层面来看，存在集聚着9家国家级夜间文旅消费集聚区的"一江一河"城市夜间文旅消费核心区。同时从活力测评结果也可知，上海市国家级夜间文旅消费集聚区就主要处于上海市夜间文旅消费活力峰值地区。

从微观尺度来看，上海市夜间文旅消费集聚区主要在"街区、商圈、片区、地区、度假区、风貌区"内分布，南京西路商圈更是横跨黄浦、静安两个行政区划，存在明显的开放性特征（见图6-3）。并且在12家集聚区中，仅有5家集聚区（见表6-2）在空间内存在国家4A/5A级景区，不足总体的50％。表明上海市各集聚区能够独立于传统旅游吸引物之外独立发展，都市旅游属性强。围绕相关大型商圈（见表6-2）与文创街区形成国家级夜间文旅消费集聚区，更是凸显了上海市夜间文旅消费空间的"都市型""国际化"特征。

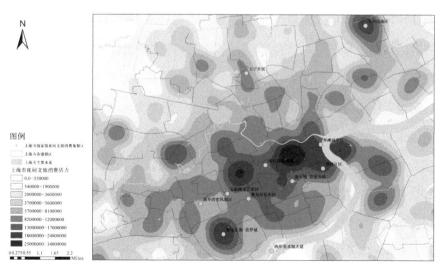

图6-3　上海市夜间文旅消费活力（小比例尺/2023年7月晚8时）

表6-2　上海市夜间文旅消费集聚区特征

	4A/5A景区	商圈		4A/5A景区	商圈		4A/5A景区	商圈
外滩风景区	√		南京西路商圈		√	衡复音乐街区		
大宁片区		√	安福路文艺街区			徐家汇源—美罗城	√	√
五角场地区		√	西岸美术馆大道			新天地—思南公馆	√	√
豫园片区	√	√	新华历史风貌区			国际旅游度假区	√	√

（三）夜间文旅消费集聚区的功能类型

由于受空间格局、要素资源、主体选择等的约束，上海市夜间文旅消费集聚区呈现出不同的发展路径与功能属性。游憩公共空间与休闲街区的相关研究中，陈波、涂晓晗在对首批54家国家级旅游休闲街区进行实证分析时，将旅游休闲街区的消费场景划分为融合发展型、文化体验型和商业休闲型三种模式类型[49]。王晶根据游憩公共空间的属性、功能和游憩者的活动分异等特点，将城市游憩空间分为休闲型、购物餐饮型、文化型和其他型空间4个主类[50]。在夜间旅游的相关研究中，张倩、李玉洁将休闲夜间旅游分为夜间观光型、夜间餐饮型、夜间文化型、夜间购物型、夜间娱乐型5类。可见，文旅消费空间及夜间文旅消费空间的功能类型是相关学术研究与实践中普遍关注的问题。因此借鉴以上相关研究成果，并结合上海市各夜间文旅消费集聚区的典型活动与业态以及参与观察、深度访谈的结果，对集聚区的功能属性进行划分。最终将上海市夜间文旅消费集聚区归纳划分为文化体验型、时尚购物型、创意休闲型三类消费空间(见表6-3)。

表 6 - 3　夜间文旅消费集聚区功能类型划分

名　　　称	功 能 类 型
黄浦区外滩风景区	文化体验型
黄浦区新天地－思南公馆地区	创意休闲型
徐汇区徐家汇源－美罗城	时尚购物型
徐汇区衡复音乐街区	创意休闲型
静安区南京西路商圈	时尚购物型
黄浦区豫园片区	文化体验型
徐汇区西岸美术馆大道	创意休闲型
徐汇区安福路文艺街区	创意休闲型
长宁区新华历史风貌街区	创意休闲型

二、上海市夜间文旅消费集聚区更新的动力机制

（一）主体行为："权力—资本—阶层"

1. 权利：政府规制

作为消费实现与社会治理的空间,政府主体积极推进夜间文旅消费空间的更新发展。自从国务院办公厅发布《国务院办公厅关于进一步激发文化和旅游消费潜力的意见》,明确提出建设国家级夜间文旅消费集聚区的任务之后,全国发布夜间经济有关政策规划的城市已逾 40 个,为夜间经济发展的模式和技术创新提供了推动力。正如上文所述,上海市不仅设立"夜间区长"与"夜生活首席执行官"制度,优化本市夜间文旅公共服务;同时也推动构建"1＋15＋X"的夜间经济空间布局体系,并为夜生活"造节",引导鼓励传统文旅景点放宽运营时间等鼓励夜间消费

空间及业态的发展更新。此外，政府还积极推动城市微更新与文旅融合、夜间文旅消费空间打造相互对接，形成了外滩历史风貌区临江"第一立面"、徐汇滨江美术馆大道等特色夜消费空间更新案例。微观空间治理层面，以安福路文艺街区为例，衡复历史风貌区不仅开展"破窗开店"整治活动，推出"街道规划师"，以恢复街区历史风貌；同时也牵头建立"徐汇风貌区共建共治联盟"，建筑政府、市场、社会多元主体参与的议事协商平台。

2. 资本：市场主体

作为资本增值的空间，由于夜间文旅在需求多样化、生活作息方式转变的当下成为旅游市场新的消费热点，特别是对于城市所积聚的创意阶层而言，夜间是创造力来源，因此夜间文旅消费空间便成为火爆的消费空间，消费是生产的目的与动力，夜间文旅消费空间也便成为市场资本市场的"新宠"，形成了幸福里、豫园、新天地、上生新所等资本主导的夜间文旅消费空间更新优秀案例。在相关空间的更新发展中，为对接夜游者日益增长的审美感知与文化价值追求，以及旅游者在白天和夜晚对同一处城市景观的感知不同[51]的特性，以追求利益最大化，资本将积极推动供给升级，极大地促进产业资源、人力、资金、技术等要素跨界流动，打造数字灯光秀、传统非遗、文创品牌、特色餐饮、沉浸式消费空间等夜游消费新产品、新场景等。

3. 阶层：创意阶层

作为文化体验与创意生活的空间，在夜间文旅消费空间中，社会阶层除了以游客或消费者身份的需求导向刺激市场优化供给；非遗传承人、居民老商户等也可以转化自身的非遗技艺、城市老记忆等文化资本，参与集聚区消费舒适物的提供与场景营造。同时在"街头复兴"的趋势下，在大型文旅开发集团、文旅企事业单位之外，越来越多出身创意阶层的"品牌主理人"以"买手店""中古店""私人订制品牌""创意商店""网红品牌"等参与到夜游消费空间舒适物提供中来。此外,在网红夜间消费场景中,游客和 KOL 等身着时尚潮流的服装,在街区内消费、街拍、体验,无疑是在不知不觉间增添了整体消费空间的创意属性与文艺氛围,形成了"你在桥上看风景,我在桥下看你"的场景共创行为。个人自媒体时代,游客也愈发具有自觉开发旅游场景的潜力,海量个体实质成为消费空间更新发展的重要一环。

（二）环境要素:"空间属性—有机更新—产城融合—数智技术"

1. 空间属性: 资源底色

地理因素、资源基地、服务水平、空间格局等空间属性是影响夜间文旅消费集聚区形成及发展更新的重要方面。在上海,地理因素主要通过气温和水文条件影响夜间文旅消费集聚区的形成与消费空间的活跃度。研究发现,在城市微观尺度下,水文条件良好的滨水区域更容易集聚"夜跑""夜游""夜食""夜秀"等多样化服务,是旅游者夜游活动相对较强的时空场域。而气温适宜的夏秋季节更是夜间文旅消费集聚区消费最活跃的时间段。

2. 有机更新: 肌理延续

历史建筑与文化遗存,不仅能够转化为夜间文旅消费的重要吸引物,同时也是城市文脉延续的重要载体。这就塑造出其区别夜间文旅消费空间重要的身份符号功能。徐汇滨江西岸美术馆大道就是将历史工业元素嵌入夜文旅消费空间之中,空间内起重机、废旧厂房等实现了保护性再利用,成为夜游者争相拍照打卡的文化符号标识。老外滩万国建筑博览群的更新,更是成为夜游者回忆"夜上海市滩"的重要载体。城市更新迈入存量时代,保留城市空间中健康的有意义的部分,并对其进行修复与更新,实现其向文旅消费资源的转化,是文旅消费空间更新的资源约束与文脉传承必然要求,同时也是实现文旅消费空间差异化竞争的重要方式与途径。因此在夜间特定的消费时空场域下,有机更新就因为其能够为夜消费空间的更新提供资源载体与文脉线索,塑造空间持续更新发展的"文化软实力"。

3. 产城融合:优势互补

区别于以往的城市更新,城市夜间文旅消费空间的发展更新是在特定的时空场域内,通过文旅融合赋予城市历史空间以新的产业功能与服务功能。所以在发挥"文旅＋"多元产业融合在产品、业态、场景创新发展成效的基础上[52],也要意识到许多夜间文旅消费空间直接就镶嵌在社区之中,因此在夜间文旅消费空间发展更新的过程中自然也要推进产城融合。这种便对"文旅＋"产业与城市的互动耦合关系[53]提出要求。实践中看,许多旅游消费集聚区存在"前店后坊"特征。创意园区(如上升新所与幸福里)与大型商业综合体(如恒隆广场)中,一大部分的夜间消费客群就是来自创意产业的"黄领"与企业"白领"阶层。无独有偶,新天地在地理空间上与各跨国公司的紧密联系,也使得其成为上海市夜间最"洋气"的地区。愚园路历史风貌区夜间消费的火爆也是得益于来自社区的高频次、重复消费,对空间消费的回补。夜间文旅消费空间的发展需要得到城市的支撑,也需要使城市从中受益。

4. 数智技术:赋能催化

数智技术在文物古迹监控与保护、文化项目展示与消费等"台前幕后"均发挥着重要作用[54]。特别是在夜间文旅消费场景中,数智技术不仅在文化遗址的夜间展示方面具有重要价值[21],同时也能从实物展陈、实景演出到以声光电技术的虚拟再现全流程,为游客提供了愈加沉浸式的旅游体验[55]。2023静安光影节就是通过数字技术,把文化光影与城市建筑结合起来,融入上海市历史元素形成了绚丽、震撼的光影秀,打造出独特的夜游体验。同时,数智技术还能最大限度突破消费场景的时空限制,利用投影技术重现消费场景不同时节的样貌;虚拟现实消费场景更是能够带来线上线下双向交互的超现实消费体验,有利于挖掘更多的年轻化、创意化消费元素,带来更加沉浸式的文旅消费体验。从行动结果来看,文旅融合借助有机更新、产城融合与数智赋能,能够推动对历史空间中空间要素、文化要素与人的要素[56]的整合,生成都市夜间景观、都市夜游活动、都市夜游氛围,实现夜间文旅消费空间的更新发展。

三、上海市夜间文旅消费集聚区更新的发展模式

（一）文化体验型消费空间：基于资源整合的"文化＋"

研究将主要满足游客游览观光与文化体验功能的夜游场景归纳为文化体验型夜间文旅消费空间,通常以历史文化街区、古镇、旅游景区等形态存在,在上海市以外滩风景区、豫园片区夜间文旅消费集聚区最为代表。关于传统旅游景区的转型升级,以往研究已普遍认同深入挖掘历史文化内涵,激活文脉基因等对于旅游空间的积极效能。宋长海等提到,文旅融合就是通过不同形式的载体呈现历史文化资源,以多类型文旅产品形式为消费者提供更多有思想、有文化、有价值意义的情感体验[57]。鲁洋静等对于此类空间的创新发展提出"充分挖掘和利用自然文化、历史遗产和宗教信仰等文化资源,将它们与旅游业紧密结合"的发展建议,期望借助文化基因的挖掘创造出能够满足旅游者文化体验需求的文化体验活动和产品,从而提升旅游业的吸引力[58]。柳思如也提出要充分利用空间中,包括历史遗迹、名人事件、非物质文化遗产等在内的历史文化资源,并提到了科技创新、产业资源等的重要赋能价值[59]。

从外滩与豫园商城的更新实践来看,"文化＋"主导的文化体验型空间发展模式,是基于对在地文化的深入挖掘,推动文化与旅游产业要素在

夜间消费空间中的交叉、渗透与融合,最终实现夜间文旅消费空间的内容创新、技术创新与场景创新(见图6-4)。内容创新方面,上海市文化体验型消费空间通过打造非遗文化展演、非遗文创、沉浸式水景船秀、文化光影秀等文化体验活动,推动消费空间内夜游新产品、新业态、新品牌的更新发展。技术创新方面,数字经济与智能产业的发展越来越依赖"场景驱动"。因此上海市文化体验型消费空间通过推动夜景灯光升级改造、数字光影与城市建筑融合展演、AR扫码互动等活动,推动了消费空间内数字技术更新及其文化化、创意化转化应用的能力和水平。场景创新方面,豫园商城基于文脉的挖掘,复兴民俗活动打造游园会,搭配汉服装造与真人NPC、传统瓦肆勾栏场景复原等方式,打造了"豫园灯会""花朝节""仲秋月神游"节气江南IP,形成了与外界"时空隔绝"的古风新潮的沉浸式夜游新场景。

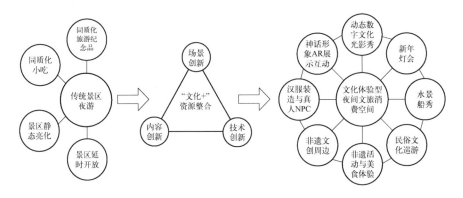

图6-4 上海市文化体验型消费空间的发展更新

(二)时尚购物型消费空间:基于产业融合的"商业+"

研究将主要满足购物消费功能的夜游场景归纳为时尚购物型夜间文旅消费空间,通常以旅游商业街区、商文旅综合体、购物中心等形态存在,在上海市以南京西路商圈、徐家汇源—美罗城夜间文旅集聚区为代表。

梁峰等在探讨商文旅融合的发展路径时提出了以商业资源为中心的集聚模式[60]，即依托城市现有的商业业态集聚区，适当发掘文化旅游吸引物，增加旅游购物功能。雷石标[61]、路红艳[62]等学者也指出，推进商业、文化与旅游三种产业要素的相互连接交融与共同发展是推动消费空间改造的重要思路和目标。而在大都市中，这样的商业业态集聚区通常具有时尚消费属性[63]。

从美罗城和南京西路商圈各大商业中心的更新实践来看，"商业＋"主导的商文旅融合是以商业要素为核心，通过与文化、旅游要素的对接和融合，实现时尚购物消费空间的内容创新、场景创新与模式创新（见图6-5）。内容创新方面，商文旅融合改变了传统的时尚购物空间，主要以集聚各类国际消费品牌为主，空间的旅游与文化体验功能较弱发展方式。通常，过于时尚奢靡的场景氛围可能显得不那么亲近，使旅游者望而却步。因此，商业综合体在空间中嵌入了更多的诸如数字光影秀、光影艺术装置、品牌互动体验、创意夜市集、圈层文化快闪活动、文化戏剧演出等特色的文化体验活动，拉近时尚消费与夜游者之间的心理距离，吸引更多的旅游者进入时尚购物型消费空间之中。场景创新方面，商文旅融合不仅驱动了沉浸式互动展览空间、主题市集等微消费场景；更是在张园的实践案例中创新性地推动城市海派传统建筑与时尚潮奢品牌在消费空间中碰撞与融合，将时尚购物空间"搬进"里弄，实现了时尚消费时空场域的突破与创新。模式创新方面，商文旅融合驱动了商、文、旅要素的交叉、渗透与融合，强化了消费空间的文化旅游功能。表面看是在对老旧空间资源继承与更新的基础上实现对时尚购物中心文化业态、体验业态等的供给层面补缺，从而以独特的潮奢氛围吸引夜游客流，拓展场景的旅游购物功能；而深层次则是引导时尚购物中心"人货场"逻辑实现从"由买而逛"到"由逛而买"的调整，实现发展模式的创新。

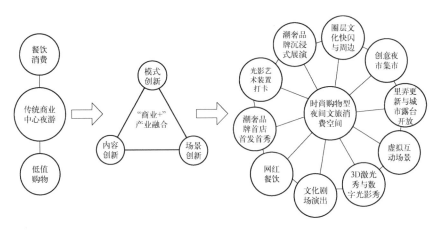

图 6-5　上海市时尚购物型消费空间的发展更新

(三) 创意休闲型消费空间:基于文化创意的"创意＋"

研究将主要满足创意体验、休闲娱乐功能的夜游场景归纳为创意休闲型消费场景,通常以创意园区、创意街区等形态存在,在上海市以上生新所、安福路文艺街区、徐汇滨江美术馆大道夜间文旅消费集聚区为代表。创意场景是文化创意旅游的载体[64],由旅游、休闲与商业街区结合形成[65],有着鲜明的文化、符号和美学特征。而文化创意旅游作为一种旅游发展模式,旨在将创意、遗产、艺术和生活融为一体[66]。关于创意街区的空间营造,钟晟从场景视角切入,提出要创造出具有良好创意生态;具有浓郁地方文化特色;具有良好创新氛围的创意街区[65]。创意休闲型消费空间是创意街区在夜间这一特殊时空下的具象化,同样需要以"创意＋"推进创文旅融合,实现对空间中创意要素、历史遗存、个性商铺等的继承与更新(见图 6-6)。

从上生新所、安福路文艺街区等创意休闲空间的更新实践看,"创意＋"主导的创文旅融合能够赋能消费空间实现的内容创新、场景创新与要素创新。内容创新方面,相关创意休闲空间通过艺术、生活要素的创意介入,孵化出沉浸式戏剧、时尚品牌快闪秀、创意夜市、非标准化的创意时

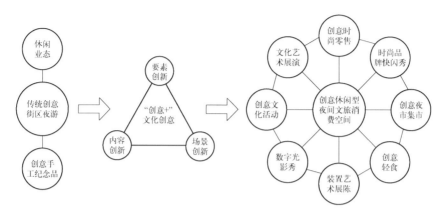

图 6-6 上海市创意休闲型消费空间的发展更新

尚零售（包括创意集合店、设计师品牌、主理人品牌等网红店铺）、光影秀、读书分享会等创意活动，丰富了消费空间创意夜游的产品、业态与服务。场景创新方面，由于创意消费空间具有强烈的美学化特征，因此创意文化的介入必然推动安福路、上生新所等的美学化重塑。上生新所的泳池通过修复更新，就变身成为网红打卡地。同时文化创意旅游的开放性、融合性特征也使得安福路这样的社区小马路，以及上生所式工业生产遗迹也转化为文化旅游空间，极大地拓展了文旅活动开展的时空场域。要素创新方面，鉴于文化创意旅游的开放性、嵌入性、体验性，许多行业（例如艺术的各类分支）都被认为是文化创意经济的重要部分[66]。并且文化创意旅游还可以在文化资源素材库的基础上不断创新[67]，例如通过对文学、神话、技艺、民俗等文化类型进行符号化提取，成为文化创意旅游景点或目的地的文化象征。因此创意元素的介入使得文旅融合的要素素材库极大地得到拓展。同时创意场景中，创意阶层、旅游者、当地居民等均是空间创新的主体，由此便拓展了消费空间更新的主体要素。在实践中，安福路上越来越多与社区紧密联系的非标准化的"主理人品牌"及其对消费空间物理层面美化、空间网红符号化塑造等方面的能动作用，越发展现出创意阶层对城市创意休闲消费空间更新的积极作用，以及其推动城市和地区创意文化氛围营造方面的重要地位。

第四节　结论与建议

一、主要结论

文章在梳理夜间经济与文旅消费、夜间文旅消费空间更新与治理等研究热点、理论方法及其相关关系的基础上，推进了城市夜间文旅消费空间更新与治理研究。包括理论探讨了夜间文旅消费空间发展更新的机制与模式；并以上海市第一批、第二批国家级夜间文旅消费集聚区为例探讨了上海夜间文旅消费空间发展更新的机制与模式。主要研究结论如下：

（1）发展演化。从上海的发展实践来看，在城市更新行动的游憩化趋向、文旅消费空间的夜间化趋向下，基于城市的历史文化风貌区、商业购物场所、文化创意街区等空间载体，城市夜间文旅消费空间逐步形成并不断实现发展更新。从发展水平看，上海市夜间文旅消费活跃度及国家级夜间文旅消费集聚区数量均处我国前列；从空间格局看，存在明显的"核心—边缘"特征，集聚于"一江一河"围合的中心城市区域内；从功能类型看，形成了文化体验型、时尚购物型、创意休闲型夜间文旅消费空间。

（2）动力机制。上海的发展实践中表现为"权利—资本—阶层"的价值共创。其中，政府主要通过指定规章制度、发展规划等间接引导更新行动开展，市场主体则在资本增值目标的驱动下推动消费空间产业融合与场景精细化营造。同时由于数字技术的赋能与赋权，创意阶层、社区居民等社会群体参与消费空间更新的意愿与能力越发强劲。环境要素方面，"地理—制度—市场—技术"等要素能够支撑和制约消费空间更新行动。在上海的发展实践中变现为"空间属性—有机更新—产城融合—数智赋能"的协同。其中，空间属性是发展更新的资源底色；有机更新行动延续空间肌理；产城融合实现优势互补；数字技术赋能催化。

（3）发展模式。上海的发展实践表现出文化体验型、时尚购物型、创意休闲型消费空间发展三种模式。其中，文化体验型空间发展模式内，历史文化景观、传统文化活动、地方特色餐饮、地方特色商品等是空间更新发展的关键维度，且存在风貌点亮、民俗活化的路径分异。时尚购物型空间发展模式内，时尚商业景观、时尚潮奢品牌、特色体验活动、高端品牌餐饮、历史文化景观等是空间更新发展的关键维度，且存在潮奢新趣、主题文化、复古摩登的路径分歧。创意休闲型空间发展模式内，创意文化景观、创意自理品牌、创意文化活动、创意轻食餐饮、历史文化景观等是空间更新发展的关键维度，且存在网红潮流、艺术创生的路径分异。

二、对策建议

结合文章研究结果提出以下夜间文旅消费空间更新与治理建议。

（一）优化顶层设计，深化功能定位与城市发展协同

（1）深化夜间文旅消费空间更新与城市更新的政策对接。统筹国民经济和社会发展规划，在推进更新项目时，在灯光设计、格局尺度、功能适配等方面要因地制宜，进行"适夜性"调整。即更新规划进行面向夜游活动的针对性、适应性优化。

（2）深化夜间文旅消费空间更新与城市数字化转型的政策对接。要强化多元业态数字内容产业与夜游应用场景的对接，深化智能人机交互、

虚拟数字人等新型人机交互技术等的创新及其在城市光影艺术展演、旅游数字人、互动展览及 UGC 模式、AR 展示与文旅元宇宙等夜游消费场景中的创新应用，将数字夜游消费场景创新作为上海打造具有世界影响力的国际数字之都的实践方向与国际展示舞台。

（3）深化夜间文旅消费空间更新与国际消费中心建设的政策对接。需要强化夜间文旅消费在国际消费中心城市建设中的重要 地位，将特色夜间文旅消费空间建设与国际消费中心建设相互链接，依托上海多中心、多层级、网络化的"4＋2＋X"商业体系与"1＋15＋X"夜间文旅消费空间相互延伸、渗透与融合，打造若干国际夜间文旅消费中心。同时也需要对接国际消费中心城市的首发经济、创意经济、休闲经济等策略，推出特色夜秀、夜展与夜间首发等创意活动，拓展首发经济、创意经济与休闲经济的夜间活动尺度。以夜购、夜展活动融入"上海购物"与"上海文化"品牌建设。

（4）深化夜间文旅消费空间更新与国际文化大都市建设的政策对接。无论是文化体验型消费空间，还是时尚购物型、创意休闲型消费空间，均需要依托城市历史文脉塑造独特的夜间消费魅力。是"在地性"与"国际化"对抗博弈下的协同成果。在夜间，城市文化将存在更多元、更立体的呈现方式，因此上海需要将夜间文旅消费空间作为城市红色文化、海派文化、江南文化品牌塑造的新场景。推进历史文化遗产保护，并对接国潮文化，推动文化遗产在夜间消费空间中的活态化传承。

（二）推动业态创新，突破固有的照明经济思维局限

（1）要摆脱简单延伸文旅设施营业时间的错误思维，而是要在积极认识夜间消费特殊性的基础上推进夜间特色文旅消费业态与模式的创新。比如不仅需要持续推进文化馆、博物馆、展览馆等的夜间开放，还需要培育沪语演出、原创演出、昆曲民俗等优质文化产品，推进历史文化遗产等

文旅消费资源在保护的基础上进行文化挖掘与夜间特色开发,为夜间消费市场供给更多的新产品、新业态。

(2) 要摆脱将夜间经济与照明经济画等号的错误做法。灯光技术是赋能夜间文旅地标培育的重要方式,但只有灯光照明而无精品消费服务就会使消费集聚区陷入同质化发展困境。同时也要认识到"暗夜"在夜间经济中的重要作用,争取做到"该亮的亮,该暗的暗"。此外还需要树立精品意识,重视青年社交需要。以品牌化、社交化、IP 化、生活化夜间文旅消费体验点燃夜生活集聚区消费活力。

(3) 要处理好"宏大叙事"与"微观表达"的关系。认识到"场景消费""微旅游"等"小叙事"与"微叙事"是当前高品质文旅需求导向下的重要发展方向。所以要在注重城市整体品牌设计,推动城市文旅协同发展的基础上,同样注重末端消费场景的精细化运作与氛围营造,顺应消费者日益增强的对自我感知关注的需要,强化消费者夜间文旅消费沉浸式体验,推动夜间文旅消费场景精细化营造。

(4) 要处理好实景旅游与虚拟旅游的关系。既要推动云计算、LBS、AR/VR、区块链、5G、人工智能等数字技术的创新发展,也发挥数字技术在文化遗产保护、夜游产品展示、沉浸式交互体验、城市治理与服务等方面具有重要价值。将夜游场景作为数字技术落地应用的重要场域,聚焦数字文旅化与文旅数字化,推动数字技术在文旅行业,特别是在夜间文旅消费空间中的创新性转化。以此开拓夜间文旅消费新体验、新市场,塑造夜间消费场景下文旅融合发展新动能。

(三) 推动多元参与,推动协同治理的体制机制创新

(1) 规划引导方面,除在规划层面推动夜间文旅消费空间发展与城市商业体系、重大文旅消费示范区等的建设相对接外,也需要借鉴纽约优秀经验,创办"夜校"研讨会,为夜间文旅消费供给主体及企业提供行业趋

势、实践案例与权益保障等培训。同时积极引导推动以 24 小时图书馆、24 小时便利店、24 小时工作空间等为代表的 24 小时城市建设。此外还要建立专项基金帮扶创意阶层集聚，支持小型文化创意组织试行新的夜间创新项目；支持相关企业开展夜间现场音乐业务；鼓励戏剧文化作品、特色夜游数字体验创新等。

（2）体制机制方面，要持续深化创新机构许可行政审批机制，放宽特色民宿、游戏电竞、剧场演出与活动举办等准入限制。在学习国际优秀经验，设立"夜间区长""夜生活首席执行官理事会"的同时，吸收疫情管理的基层网格化管理经验，推进行业自治与多元共治。发挥群团组织和社会组织的社会治理中的积极成效，搭建"街区论坛"式的协商平台以及相应的"云平台"，以此强化政府代表、街区运营方、市场商户、居民个体、行业专家、创意阶层等主体之间的沟通与合作，成功将无序的个人意见整合成为理性化的集体发声，并推出软法治理指引范本，创建街区共同体。

（3）标准对接方面，要推进对夜间文旅消费资源的研究，包括夜游文旅消费资源定义、分类及标准化发展等。结合夜游消费的特征与属性，设立夜间文旅消费集聚区行业标准、地方标准与国家标准，并构建夜间文旅消费集聚区星级评价体系，持续规范市场夜游供给，让高品位、特色化夜间文旅消费空间能够从鱼龙混杂的夜间文旅消费集聚区中脱颖而出。

（四）强化环境保障：构建智慧精细的配套服务体系

（1）调整公共空间管制。政府相关部门需积极调整生活服务店面的街区外摆活动限制，并简化公共空间文化活动审批，进一步鼓励个人 DIY 文化活动开展，增加夜游消费空间文化属性与可玩性。但同时又要加强对过度占道经营、街区道路环境等的管理，避免"一放就乱"，寻找夜间文旅消费空间创新发展与基层管理之间的平衡。

（2）激活夜游节事活动。继续深化上海夜生活节，以特色节事品牌与多元夜间文旅消费活动吸引全球消费者集聚，并在节事活动空间通宵狂欢，激活夜游消费增长潜力。同时也要积极激活传统节事、西方节事等。一方面打响豫园商城节气江南品牌 IP，吸引更多东方文化与美学爱好者落沪夜游；另一方面也要立足海派文化特性，依托万圣节、圣诞节等西方节事活动，打造围绕"巨富长""愚园路"的节事夜游集聚地，并打响节事夜游品牌 IP。

（3）优化夜游公共交通。上海应借鉴伦敦、纽约等城市的优秀经验，在周末开通全天运营的 24 小时地铁，针对夜间消费热区与夜游者的夜间交通需求定制化调整夜间公交线路，并与出租车、网约车公司合作，在夜生活集聚区增加候车点，优化接驳方式等，改善夜间交通服务。

（4）落实夜游安全保障。复制黄浦区"上海市夜间经济精细化治理示范区"优秀经验，各部门协作构建多部门联动的市场监管体系，加强对夜间文旅服务供给与消费过程中的交通安全、食品安全、治安管理、消防安全等，推进人性化、精细化管理，确保夜间文旅消费的井然有序。同时也要借鉴悉尼搭建的"霓虹灯网络"优秀经验，绘制 24 小时经济枢纽在线地图，开发网络数据库、数字化信息集成平台与 24 小时服务中心等，通过数字技术赋能为各夜间文旅经营主体提供相关的信息支撑与政策指导，强化基层治理的数据化、智慧化服务能力。

参考文献：

［1］HOBBS D, WINLOW S, HADFIELD P, et al. Violent hypocrisy: Governance and the night-time economy[J]. European Journal of Criminology, 2005(2)：161.

［2］MOLOTCH H. The City as a Growth Machine: Toward a Political Economy of

Place[J]. The American Journal of Sociology，1976(2)：309.

[3] GLAESER E S A S, KOLKO J D S B, SÁIZ A S A S. Consumer city[J]. Journal of Economic Geography，2001(1)：27-50.

[4] 王佳,葛姣菊,杜建成,等. 基于旅游消费者视角的消费城市发展策略和建议[J]. 经济问题探索,2013(01)：52-58.

[5] DZIEMBOWSKA-KOWALSKA J, FUNCK R H. Cultural Activities：Source of Competitiveness and Prosperity in Urban Regions[J]. Urban Studies，1999(8)：1381-1398.

[6] CLARKE D B. From the Margins to the Centre：Cultural Production and Consumption in the Post-Industrial City by Justin O'Connor; Derek Wynne[J]. Area，1997(2)：185-186.

[7] 张京祥,邓化媛.解读城市近现代风貌型消费空间的塑造——基于空间生产理论的分析视角[J].国际城市规划,2009,23(1)：43-47.

[8] 戴俊骋,那鲲鹏,赵子婧.当前文化消费空间特征与发展动向探析[J].城市发展研究,2021,28(7)：99-104.

[9] 柴彦威尚嫣然.深圳居民夜间消费活动的时空特征[J].地理研究,2005(5)：803-810.

[10] CHEN N, WANG Y, LI J, et al. Examining Structural Relationships among Night Tourism Experience, Lovemarks, Brand Satisfaction, and Brand Loyalty on "Cultural Heritage Night" in South Korea[J]. Sustainability，2020(17)：6723.

[11] 文彤.城市夜间旅游产品研究[J].城市问题,2007(8)：42-45.

[12] 曹新向.发展我国城市夜间旅游的对策研究[J].经济问题探索,2008(8)：125-128.

[13] 雒珊珊.关于夜间旅游模式的探讨[J].黑龙江生态工程职业学院学报,2019(5)：27-28.

[14] 顾至欣.城市夜间旅游产品定义及分类[J].城市问题,2013(11)：98-102.

［15］ORANGE H. Flaming smokestacks：Kojo Moe and night-time factory tourism in Japan［J］. Journal of Contemporary Archaeology，2017(1)：59－72.

［16］KUMAR M M S A，UPADHYA A. Night Shopping a Tourist Attraction：A Study of Night Shopping in Dubai［J］. Journal of Tourism & Services，2017(15)：7－18.

［17］GIORDANO E. Outdoor lighting design as a tool for tourist development：the case of Valladolid［J］. European Planning Studies，2018(1)：55－74.

［18］COLLISON F M，POE K. "Astronomical Tourism"：The Astronomy and Dark Sky Program at Bryce Canyon National Park［J］. Tourism Management Perspectives，2013：1－15.

［19］SUSANNA PUIGCORBÉ J R V X. Assessing the association between tourism and the alcohol urban environment in Barcelona：a cross-sectional study［J］. BMJ open，2020(9)：e37569.

［20］ALVES T. Art，Light and Landscape New Agendas for Urban Development［J］. European Planning Studies，2007(9)：1247－1260.

［21］BLESSING R. Jane Eternal：The Lasting Influence of Jane Jacobs's Death and Life of Great American Cities on Urban Planning［J］. Journal of Planning History，2017(1)：85－90.

［22］蒋涤非著.城市形态活力论［M］.南京：东南大学出版社,2007：286.

［23］罗桑扎西,甄峰.基于手机数据的城市公共空间活力评价方法研究——以南京市公园为例［J］.地理研究,2019(7)：1594－1608.

［24］CRANSHAW J，SCHWARTZ R，HONG J I，et al. The Livehoods Project：Utilizing Social Media to Understand the Dynamics of a City：Sixth International AAAI Conference on Weblogs and Social Media（ICWSM 2012）［C］，Dublin，Ireland，2012.

［25］李媛,邹永广,杨勇,等.夜间文旅消费聚集区综合活力评价及其影响因素研

究——以长三角城市群为例[J].人文地理,2023(3):182-191.

[26] 肖波,黄晶莹.简论博物馆夜间开放的中国实践与发展趋向[J].东南文化,
2023(2):143-149.

[27] 赵迎芳.文旅融合背景下我国夜间经济高质量发展探析[J].山东社会科学,
2022(2):102-109.

[28] 储德平,廖嘉玮,徐颖.中国夜间经济政策的演进机制研究[J].消费经济,
2021(3):20-27.

[29] 傅才武,王异凡.场景视阈下城市夜间文旅消费空间研究——基于长沙超级文和
友文化场景的透视[J].武汉大学学报(哲学社会科学版),2021,74(6):58-70.

[30] 李杨,宋聚生.多元治理视角下的存量规划效用研究——以深圳市湖贝旧村更新
改造为例[J].城市规划,2020,44(9):120-124.

[31] 姜雷,高小宇,王祝根.空间权力视角下的美国创意型城市更新路径研究[J].规划
师,2019,35(6):71-77.

[32] 赵万民,李震,李云燕.当代中国城市更新研究评述与展望——暨制度供给与产
权挑战的协同思考[J].城市规划学刊,2021(5):92-100.

[33] 张更立.走向三方合作的伙伴关系:西方城市更新政策的演变及其对中国的启示
[J].城市发展研究,2004(4):26-32.

[34] 景璟.创新街区推动城市更新:构成要素、互动机制和发展策略[J].求索,
2022(6):111-121.

[35] 周显坤.城市更新区规划制度之研究[D].清华大学,2017.

[36] 王炼军,张宇,钟婷,等.回归民生的城市有机更新实践与模式探索——以成都市
青羊区为例[J].上海城市规划,2019(4):117-123.

[37] 赵荣,吴铮争.文化遗产保护与城市更新策略研究——以西安为例[J].浙江大学
学报(人文社会科学版),2023,53(4):5-15.

[38] 王朝辉,韦飞群,张姗姗,等.城市更新背景下大都市区餐饮业空间格局演化——
上海市案例研究[J].地理研究,2022(6):1652-1670.

［39］陈元欣,时宵,杨金娥.闲置工业空间再利用促进城市体育更新研究［J］.体育学刊,2023(3)：58－68.

［40］黄怡,吴长福.基于城市更新与治理的我国社区规划探析——以上海浦东新区金杨新村街道社区规划为例［J］.城市发展研究,2020,27(4)：110－118.

［41］郑自立.文化创新推动"夜经济"高质量发展的理论机理、多重困境与对策建议［J］.广西社会科学,2021(1)：124－131.

［42］胡洪浪,王璐璐,郭潇敏,等.文旅夜游与红色文化相融合——以宿迁马陵路红色文化街区为例［J］.照明工程学报,2021,32(3)：7－13.

［43］GONG C. Research on Promoting Night Tourism and Night Economic Development in Guilin City［R］. E3S Web of Conferences,2021.

［44］郭馨梅,杨雪.北京市夜间消费现状及对策［J］.商业经济研究,2021(5)：50－52.

［45］WON J, LEE J Y, JUN J W. Influences of SNS (Social Network Service) Uses and Musical Consumption on City Branding：A Focus on Broadway, New York and the West End, London［J］. Sustainability, 2020(9)：38－56.

［46］于刃刚,李玉红.论技术创新与产业融合［J］.生产力研究,2003(6)：175－177.

［47］TIAN M, ZHENG W, WANG N. Research on the Interactive Development of Dong Village Cultural Heritage Protection and Night Tourism：a Case Study of Huangdu Dong Village in Hunan［R］. E3S Web of Conferences, 2021.

［48］陈波,涂晓晗.旅游休闲街区消费场景的模式类型与文旅融合策略［J］.南京社会科学,2023(8)：134－145.

［49］王晶.历史文化街区游憩空间结构分析及其优化研究——以昆明市文化巷为例［J］.云南师范大学学报(哲学社会科学版),2008(6)：130－136.

［50］HUANG W H W, WANG P W P. "All that's best of dark and bright"：Day and night perceptions of Hong Kong cityscape(Article)［J］. Tourism Management, 2018：274－286.

［51］江凌.文旅新业态的生成机制、发展逻辑与高质量发展路径［J］.贵州师范大学学

报(社会科学版),2023(3)：144 - 160.

[52] 蒋华东.产城融合发展及其城市建设的互融性探讨：以四川省天府新区为例[J]. 经济体制改革,2012(6)：43 - 47.

[53] 翟姗姗,查思羽,郭致怡.面向文旅融合发展的非遗数字化技术体系构建与服务场景创新[J].情报科学,2023(7)：32 - 39.

[54] 张朝枝,朱敏敏.文化和旅游融合：多层次关系内涵、挑战与践行路径[J].旅游学刊,2020(3)：62 - 71.

[55] 张文君,陈丹良.新时代城市文化空间治理：框架和路径——以宜宾市江安县为例[J].城市发展研究,2021(7)：1 - 7.

[56] 邵明华.文旅融合的内容生产及其三重向度[J].人民论坛,2023(18)：98 - 102.

[57] 鲁洋静.基于文化基因解码的文旅深度融合机理与模式——以海南、云南为例[J].社会科学家,2023(8)：64 - 69.

[58] 柳思如,盛嘉祺,许鑫.愚园梦忆录：从历史文化街区到网红旅游产品的融合路径[J].图书馆论坛,2020(10)：52 - 58.

[59] 梁峰,郭炳南.文、旅、商融合发展的内在机制与路径研究[J].技术经济与管理研究,2016(8)：114 - 118.

[60] 雷石标,徐佳.旅游产业结构优化的影响因素及其作用机理[J].山西财经大学学报,2021(A1)：7 - 10.

[61] 路红艳,李晓雪.全国示范步行街改造提升的典型经验及启示[J].商业经济研究,2021(22)：9 - 12.

[62] 王慧莹,吴炳怀,汪傲利.面向国际大都市标志性区域的更新发展规划策略——以上海南京西路集聚带为例[J].规划师,2021(A1)：5 - 10.

[63] 余召臣.新时代文化创意旅游发展的内在逻辑与实践探索[J].四川师范大学学报(社会科学版),2022(2)：80 - 87.

[64] 钟晟.场景视域下城市创意街区的空间营造：理论维度与范式[J].理论月刊,2022(9)：79 - 87.

［65］GIBSON C，KONG L. Cultural economy：a critical review［J］. Progress in
　　Human Geography，2005(5)：541－561.

［66］余召臣.新时代文化创意旅游发展的内在逻辑与实践探索［J］.四川师范大学学报
　　（社会科学版），2022(2)：80－87.

第七章　基于 LACSB 框架的旅游休闲街区比较与启示

——以上海武康路和多伦路为例[*]

第一节　引　言

武康路和多伦路这几年已成为上海旅游休闲街区打造的样板街,以及全域旅游的范例,尤其是武康路旅游休闲街区,其成功经验应该进行分析、研究和总结,并在上海乃至全国进行复制、推广。

我作为一名城市文化的讲述人和宣传员,这几年接待了大量的外地游客、本地居民、企事业单位、大中小学校等,通过 City Walk 这一全新体验方式,改变了许多人对上海人文历史"老三样"(豫园城隍庙,外滩南京路,东方明珠陆家嘴)的传统狭隘理解,让在沪和旅沪的市民和游客都能感受到魔都上海的魅力与时尚。

同时这些年,笔者也接待了一些地方文旅部门人员,除了向他们介绍上海历史文化外,还特别介绍了"建筑可阅读,街区可漫步,城市有温度"上海实践的成功经验,以及上海城市的远景规划,同时也传达了上海"海纳百川,追求卓越,开明睿智,大气谦和"的城市精神,受到了一致好评。

---

* 本文作者:吕晓亮,上海市旅游行业协会。

并且,通过对武康路和多伦路两条旅游休闲街区的比较分析,给两区相关政府部门在未来的开发和可持续发展上提供一些参考建议。

第二节　案例概况

一、武康路旅游休闲街区

(一)历史溯源

武康路位于上海市徐汇区北部,所在区域大致是华山路、乌鲁木齐路和淮海路围合的范围,面积约 1 平方千米,是 20 世纪前期法租界花园住宅区域的典型代表区域。期间,12 条历史街道交织成不规则的网络,除了周边三条外,各条街道沿线的风貌特征基本一致,形成一个特色区域。整个区域风貌既有多样性特点,也呈现出明显的整体统一。

武康路北接华山路,南与淮海中路相交,中间和复兴西路、湖南路相交;与安福路、五原路、泰安路等相接,自西北趋西南呈新月形的南北走向,长度约为 1 180 米。武康路在该区域的城市空间和路网结构中起着鱼骨中轴的作用,与整个区域和相连道路的融合度很高,且道路线形自然弯曲,自身特色也很明显。

由于这条辟筑较早的道路与地块划分线方向之间有角度,造成沿线大多数地块是梯形,独立式住宅与道路"斜"对的特点很明显,使得建筑与街道之间的关系更加含蓄,也影响了庭院绿化布局特点,围墙对于街景的作用更重要,这些也是武康路的重要特色。

(二)历史建筑与人文

武康路堪称"上海近代建筑博物馆",从最初建成到 20 世纪末,每个时期都留下了具有代表性的建筑。概括来说,武康路沿线的建筑样式大致分为四类：一是西班牙住宅样式，二是英国乡村别墅式，三是装饰艺术派与现代式，四是法国文艺复兴样式。上海滩许多著名的中外建筑师在这条路上留下了风格迥异的不朽作品。他们有邬达克、董大酉、奚福泉、谭垣等，还有著名的外国建筑机构，如公和洋行、思九生洋行、德和洋行、中法实业公司等。

武康路的历史并不长，从20世纪二三十年代沿线基本建成至今不到百年。一个世纪之中，伴随着中国近代和当代历史的几次转折，武康路沿线建筑的居住人群也发生了多次更替。一个安静优雅的花园住宅区，在大约百年历史过程中，人物变迁和历史事件之丰富令人感叹。而且这些人、这些事件是与中国近现代史有着密切关联的，甚至可以看作是上海百年历史的一个缩影。从这一点看，武康路沿线及周边区域对于上海这座城市的重要性不仅仅是建筑和城市环境方面的，还因为其住户和机构，以及由他们所创造的历史记忆。

伴随着20世纪二三十年代上海"黄金时期"而铺设成型的武康路沿线区域，由于低密度的城郊生活环境以及市政、交通、医疗、教育和消费等配套设施的完善，吸引了众多富有的欧美侨民，形成西方化氛围的社区。这一时期武康路沿线的住户大多是洋行大班、外籍官员和高级职员，外国人居多，也有少数身份显赫、具有西方教育背景和生活方式的中国住户，还有一些重要的教育和科研机构。

茂盛的梧桐树后那些幽深的大型花园洋房大多是洋行大班和外籍官员的住宅。1934—1939年任上海江海关官员的英国人卡乃尔曾居住于福开森路75号（今武康路75号），是一座英国乡村别墅式的花园住宅。福开森路390号（今武康路390号）为当时驻沪意大利总领事尼龙的官邸，住宅虽不大，但有着很大的花园。福开森路99号（今武康路99号）是一座规模较大的英国乡村别墅式花园住宅，主人是英商正广和洋行大班麦格雷戈。

当时,除了外国侨民外,武康路上还出现了华人身影。福开森路 18 号(今武康路 40 弄 1 号)是民国第一任内阁总理唐绍仪的大女婿诸昌年的寓所。福开森路 119 号(今湖南路 105 号和武康路 119 号)分别是著名收藏家张叔驯和张葱玉叔侄的旧居,由当时上海最知名的建筑事务所——公和洋行设计,采用了当时非常新潮的现代式,两幢形态简洁、平屋顶的三层楼洋房在充满着英国式和西班牙式等样式的武康路建筑群中显得非常前卫,除了大草坪,还有 4 个网球场。建筑大师贝聿铭的父亲贝祖贻曾居住过福开森路 378 号。上海近代"丝业大王"莫殇清曾寓居福开森路 2 号,里面有很大的花园。

沿线还有几处医师诊所,如福开森路 374 号(今武康路 374 号)麦鼎池医师诊所,福开森路 26 号(今武康路 40 弄 5 号)爱文琼斯医生诊所。

由于法租界内居民层次较高,文化氛围浓厚,生活方式的西化特征很明显,这里也有非常"洋派"的学校和重要的研究机构。福开森路 393 号(今武康路 393 号)曾是世界社、世界学校和中国国际图书馆等机构的所在地。而国立北平研究院的药学和镭学研究所于 1936 年迁于此。世界社和北平研究院都由留学法国的国民党元老李石曾创办,他对中国近代的教育、中外文化交流和学术研究产生过重要影响。

1937 年"八·一三"淞沪抗战爆发,上海沦陷,上海的公共租界和法租界进入为期四年之久的"孤岛"时期,上海租界内的上流人士和西方侨民开始陆续撤离。1943 年汪伪政府"接收"法租界,改称上海特别市第八区,原法租界内 200 余条以西人命名的道路全部改为以中国地名命名,福开森路被更名为武康路,沿用至今。在这种局势下,武康路上的住户也发生了很大的变化,金城银行老板周作民、伪政府市长周佛海、民国时期第一任内阁总理唐绍仪等曾居住于此。

　　1945 年抗战胜利,国民党接收上海,法租界花园洋房又一次易主,成为国民党军政要员的居住地,如陈果夫、陈立夫两兄弟,京沪卫戍副总司令的郑洞国,淞沪警备区司令李及兰,国民党"五虎上将"之一的顾祝同等。

　　战争终结了近代上海短暂的"辉煌",但一批进步文艺人士却在孤岛时期将文学、音乐、出版、戏剧、电影等推向了一个新的繁荣时期,这些演艺界人士多居住于租界内各处高级公寓和新式里弄内,以法租界这一区域为多。孤岛时期住在诺曼底公寓(今武康大楼)里的就有当时著名影星吴茵和王人美,解放前一年,赵丹和黄宗英也在此居住。

　　解放后,武康路沿线及周边区域的许多花园洋房和公寓被人民政府接管,并形成了上海公房体系,曾居住过邓小平、陈毅、潘汉年、贺子珍等领导干部,中国电影发行公司、中国科学院研究所、上海乐声研究所、上海交响乐团等机构也在此时入驻,并于 1956 年改善知识分子政策中使得诸多高级知识分子和文艺界名人得以入住武康路,如巴金、郑君里、孙道临等。

　　改革开放后,武康路 390 号原意大利总领事官邸,见证了中德双方长达六年的桑塔纳轿车引进项目的漫长谈判。

　　武康路及周边区域是 2003 年划定的上海衡山路—复兴路历史文化风貌区的组成部分;武康路及与之相连或相邻的 8 条道路在 2005 年均被列入上海市划定的 64 条一类风貌保护道路名单。从上海的历史保护建筑、风貌保护区和风貌保护道路的分布情况看,武康路所在区域是上海中心城中最重要的、最具保护价值,同时也是最有特色和发展潜力的区域之一。

　　根据统计,武康路现有市级文物保护单位 2 处,区级文物保护单位 18 处,市级优秀历史建筑 15 处。其中,巴金故居和黄兴旧居两处建筑同时入选市级文物保护单位和市级优秀历史建筑名录(见表 7－1)。武康路街区于 2011 年获得由原文化部、国家文物局批准,中国文化报社联合中国文物报社举办的"中国历史文化名街"第三届评选活动的荣誉称号。2021 年,武康路——安福路街区被国家文旅部认定为"国家级旅游休闲街区"。

表 7－1　保护建筑数量　　　　　　　单位:幢

	武　康　路	多　伦　路
全国文物保护单位	0	0
市级文物保护单位	2	4
区级文物保护单位	18	6
市级优秀历史建筑	15	8
总　　计	33	17

注:统计建筑外挂牌数量,武康路街区有 2 幢建筑同时拥有文保单位和市优建筑,多伦路街区有 1 幢建筑同时拥有文保单位和市优建筑,故总量各减去 2 和 1。

武康路沿线的花园住宅在建成之初大多采用竹篱笆围墙,与主体建筑纯正的、非常考究的外观和室内做法有很大反差。这种情况在法租界西区其他花园住宅区域也很常见,是法租界西区内住宅区域的一个显著特点。

根据《上海市徐汇区地名志》中的记载,该路辟筑于清代光绪三十三年(1907),原名福开森路,以美国人福开森(曾任上海南洋公学监院)的姓氏命名,1943 年 10 月改现名武康路,以浙江省旧县名命名。

二、多伦路历史文化街区

(一)历史溯源

多伦路位于上海市虹口区中部,是虹口区的一条小街,呈"L"形,两头连通的是四川北路商业街,中间只与东横浜路相接,全长仅 500 余米。街短且窄,路曲且幽,夹街小楼,鳞次栉比,风格各异。花园住宅和石库门里弄交相辉映,相得益彰。周边还有多条历史街区,并与其中的山阴路和溧阳路共同组成了"黄金三角"。

20 世纪初期,这里还是宝山县一处不起眼的农村和纵横交错的无名小浜。随着淞沪铁路和北四川路(今四川北路)的先后建成,该地段身价倍增,引起了一些外国人的垂涎。

1911 年英国传教士窦乐安进行越界筑路,并以他自己的名字命名为窦乐安路。1943 年上海市政府先后收回了法租界和公共租界,同年又将租界内和越界筑路的 245 条道路全部更名,窦乐安路相应以内蒙古自治区多伦县改名称为多伦路。

小街虽动静相间仅 500 余米,但在中国近代文化史上却是浓墨重彩的一笔。一个多世纪,上海走过了从开埠时的沙船渔村到 30 年代的十里洋场,直至形成近日东方都市的沧桑历程。多伦路及周边地区从一个侧面集中显示了这个历史印迹和文化缩影,真可谓"一条多伦路,百年上海滩"。

(二)历史建筑与人文

与武康路早期建成居住的都是外国侨民不同,多伦路虽为越界筑路的产物,但是早期的住户多为华人,如永安里是永安公司的职员宿舍,景云里也多为附近的商务印书馆职员所租住,这些都是当时刚建成不久的石库门联排房子,有煤卫设施,只有中等收入以上人群才有这样的租房能力。

20 世纪 20 年代末,随着一大批中国文人的到来,铸就了多伦路"现代文学重镇"的历史地位。尤其是一条被称为"景云里"的小弄堂里,其中紧邻的两幢石库门房子里隐居着鲁迅、茅盾、叶圣陶、周建人、冯雪峰和柔石等六位著名文人,《共产党宣言》中文首译者陈望道曾在景云里开办过"大江书铺",丁玲也曾经登门拜访过鲁迅。不久,大文豪郭沫若也短暂迁居于隔壁的另一条弄堂里。多伦路也因此成为以文人为代表的中产阶级的居住地。

多伦路上诞生的红色文化和革命文学成为那个时代的主旋律。在中国共产党领导下成立的中国左翼作家联盟开创了中国革命文学的新伟业,当时所有的秘密筹备会都是在靠近北四川路街角的一家名叫"公啡咖啡馆"(遗址)里进行。1930 年 3 月 2 日,中国左翼作家联盟在多伦路上的中华艺术大学举行了成立大会。今天,这幢百年历史的英式别墅成为"左联"纪念馆。

"中央文委"和各左翼文艺团体的建立,标志着中国共产党有组织、有系统、有步骤的文化战略的形成和实施,这在中国共产党的历史上是一个重要的创新和突破,在中国共产党成立后第一次有了主动的文化战略,这也标志着它的先进性,而当时其他所有政党都还没有这样的战略眼光。

多伦路上居住过的革命进步人士还有上海第三次工人武装起义的副总指挥赵世炎,"七君子事件"中的王造时,还有中日文化交流使者,也是鲁迅生前好友内山完造等。

1945 年抗战胜利,国民党接收上海,多伦路上的几幢花园洋房成为国民党军政要员的居住地,如孔(祥熙)公馆、汤(恩伯)公馆、白(崇禧)公馆。

多伦路及周边区域是 2003 年划定的上海山阴路历史文化风貌区的组成部分;多伦路及与之相连或相邻的几条道路在 2005 年均被列入上海市划定的 64 条一类风貌保护道路名单。从上海的历史保护建筑、风貌保护区和风貌保护道路的分布情况看,多伦路所在区域也是上海中心城中最重要、最具保护价值,同时也是最有特色和发展潜力的区域之一。

根据统计,多伦路现有市级文物保护单位4处,区级文物保护单位6处,市级优秀历史建筑8处。其中,孔(祥熙)公馆同时入选市级文物保护单位和市级优秀历史建筑名录,见表7-1。多伦路街区于2010年获得由原文化部、国家文物局批准,中国文化报社联合中国文物报社举办的"中国历史文化名街"第二届评选活动的荣誉称号。2021年,多伦路街区又被上海市文旅局认定为"市级旅游休闲街区"。

第三节 基于 LACSB 框架的旅游休闲街区比较分析

LACSB 框架是指区位影响力(location)、旅游吸引力(attraction)、经营业态(commercial activities)、公共服务(service)、品牌宣传(brand)五个方面。

一、区位影响力

近代上海的城市结构——包括功能、空间、文化等综合意义的"结构",是以租界为主体发展起来的。法租界西区大约三十年的形成过程,也正是上海近代城市结构形成的最后一个重要环节。从这个角度来看,武康路所在的法租界西区是最能代表近代上海的上层和中上层人士生活方式、生活品质的一个完整区域,是一个高度西方化,而且是生活型的社区。

称其为社区,因为法租界西区并不单纯是一个高级住宅区,而是一个综合功能区域,这里不仅集中着上海最大量的花园洋房和豪华公寓,而且相关的配套设施之齐全和先进在上海亦堪称第一。西区除了大量住宅外,还有大量商业、娱乐、医疗、体育、宗教、文化和科研等设施与机构,而且这些设施和机构都是针对生活在这一区域内,讲究生活方式和生活品质的居民——当然,他们是当时的社会富有阶层。

虽然上海早在 1843 年就已开埠,法租界也早在 1849 年便已建立,然而,武康路区域直至 20 世纪初仍多为菜地、村落和坟丘,河浜纵横,居民多以种菜或经营小手工为业。直至 1914 年法租界第三次扩张,才把这条越界筑路收纳进法租界,这片最后入界的区域成为法租界西区,也是一次面积巨大的扩张。由于法租界当局对这一地区高标准的建设定位和严格的管理,在 20 世纪二三十年代近代上海"黄金时期"的发展背景下,法租界西区以霞飞路(今淮海路)、贝当路(今衡山路)为核心,形成上海高级商业区和住宅区。

法租界西区是在近郊乡村环境中的第一次城市化,而且紧邻城市建成区,不是城市改造或建设独立的新城,容易做到兼具城市和郊区的优势。因而,法租界西区城市化也是当时欧美最新的城市理念在远东、在上海独特的经济和社会条件下的体现。

法租界西区在城市发展中扮演了另一个角色。上海作为近代远东最西方化的城市,新的城市生活方式最集中地体现在这个区域。这里是综合功能社区,西方化的生活方式——与西方几乎同步的、新潮的城市生活方式和文化氛围是这个区域的基本特征,而且在城市空间方面实现了自然环境与城市性之间的权衡和互补。从这一点看,法租界西区超前地体现出许多城市在后工业化时代才有的追求。

而多伦路所在的是公共租界北区,在两次"淞沪抗战"中,尤其是后一次抗战沦陷后被日本侵占,大量日本侨民也随之迁入虹口。这一区域建造了大量的石库门里弄和日式房屋,当然也有一小部分花园住宅。

如果说武康路所在的法租界西区代表的是中上层人士的高档生活区,那多伦路所在的公共租界北区代表的是中产阶层的普通生活区。虽然论生活品质和身价地位,多伦路街区远不及武康路街区,但其历史与社会影响力毫不逊色,正是有了这么多文人的出现,让这条不起眼的街区在中国近现代文学发展史上留下了浓墨重彩的一笔。

二、旅游吸引力

旅游吸引物主要以各级文物保护单位和市级优秀历史建筑为主,加上公益性的四馆(博物馆、纪念馆、美术馆和图书馆),统计数量见表7-1和表7-2。从中可以看出,武康路分别为33幢和2家,多伦路分别为17幢和4家。从四馆的绝对数量上看,武康路仅有2家,少于多伦路的4家,多伦路占有优势。

表7-2 公益性文化机构数量　　　　　　　单位:家

	武　康　路	多　伦　路
博　物　馆	0	0
纪　念　馆	2	2
图　书　馆	0	0
美　术　馆	0	1
临　展　厅	0	1
总　　　计	2	4

虽然从绝对数量上来看,武康路的保护建筑数量几乎是多伦路的一倍,但考虑到武康路的长度是多伦路的2.2倍,所以按照分布密度比较合理。如果按照每100米道路长度的保护建筑数量统计,武康路的密

度为 3,多伦路的密度为 3.4,见表 7 - 3。因此从分布密度上来看,武康路
与多伦路上的保护建筑数量相差不大,多伦路略占优势。

表 7 - 3　保护建筑分布密度　　　　单位:幢/100 米

武　康　路	多　伦　路
3	3.4

三、经营业态

武康路所在区域在 20 世纪租界时期是一个高档住宅区,同时也是一
个发达的功能社区,它的商业设施当时主要分布在淮海路、复兴路和华山
路等横向交叉路段,避免了与武康路居住社区要求安静的冲突,这也是法
租界西区能在当时深受上层人士欢迎的重要原因。

解放后直至上海 2010 年世博会前这条街道都一直默默无闻,直至
2010 年上海世博会开办前进行了一次规模巨大的街区改造提升,才能以
全新的面貌示人。尤其是 2019 年政府实施的管线入地工程和武康大楼
外立面的整修工程,都极大地提升了武康路街区的整体形象和影响力。

由于来此打卡休闲的游人众多,带动了这条街区商业的发展,目前沿
街两侧的商业零售店铺多达近 60 家,其中以餐饮和美业为主,占比超过
八成。餐饮类中尤以咖啡酒吧居多,几乎占了餐饮店的三分之二,见表
7 - 5。而且咖啡店分布均匀,既有沿街单店,也有分布在街区两头和中间
位置的三个集中区域:武康庭、永乐汇和 Wukang Market。2021 年发布
的《上海咖啡消费指数》显示:上海以近 7 000 家咖啡店位列全球咖啡馆
数量之首,其中单店约占六成。今天的咖啡不仅是一种饮品,更代表了魔
都的文化符号,是百年上海滩“西风东渐”的典型代表。

武康路上的咖啡店集聚了上海一线当红品牌,如 ARABICA、Peet's、Local、老麦咖啡等,其中网红 ARABICA 武康路店还是上海首店。每到周末和节假日,这里的咖啡店人满为患,一座难求。夏季还有多个网红冰淇淋售卖窗口也成了网红打卡点,排队竟也成了一道靓丽的风景线。来此消费的本地市民中还有很多工作生活在本市的老外群体,基本以年轻人为主。当然,外地游客也非常多,武康路成为近年来上海的网红地标,吸引了全国各地游客的目光。

统计显示,武康路上店铺业态最多的是美业,主要是服饰和美妆店,总体数量超过了餐饮店,位居第一位,而且很多都是首店,见表 7 - 5。同时,武康路特有的法式风情和浪漫情调也吸引了一大批淘宝店主来此拍摄真人走秀,把武康路化作了 T 型舞台。

这种业态分布非常符合当今年轻人的需求,追求美,追求生活的品质,也充分满足了社交需求,并且她们的消费力强。走走逛逛潮店,看看沿街的历史建筑和风情,累了走进咖啡店品味下午茶。感受魔都的魅力与时尚,这正成为时下年轻人的一种生活方式。

多伦路在租界时期是越界筑路的产物,道路两旁既不属于华界范围,也不属于租界管理,在解放后的数十年间,多伦路破败不堪,成为农贸集市。到了 20 世纪 90 年代,随着上海市 12 个历史文化风貌区的划定,多伦路焕发了新的生命,政府重新打造多伦路文化名人街,路面做成了复古的"弹格路",请国内的知名雕塑家做了 10 组的名人雕像树立在沿街两侧,这些名人雕像还曾获得全国大奖,在景云里弄堂入口处的地面上做了一条名人脚印的"星光大道",为了充分展示多伦路的名人效应,还在多伦路中段转角处的围墙上雕刻了一组各种文化名人的浮雕像。在拆除了原来的集市后,引入了众多的私人收藏和字画古玩店家,2019 年建成"鲁迅小道",2020 年"左联"纪念馆成立 90 周年,到 2021 年"鲁迅小道"升级版,沿街建筑立面、道路绿化、路灯都做了美化和景观设计,以上举措都极大地提升了多伦路旅游休闲街区的整体形象和影响力。

多伦路上众多的古玩字画、私家收藏店多达近 40 家,占比近八成,成了多伦路的主要商业业态。餐饮中以茶饮为主,有 4 家,专业咖啡店只有寥寥的 2 家,原来知名的"老电影咖啡馆"在"疫情"后也易主成了高档茶室。年轻人喜爱的服饰美妆店在多伦路上难觅踪影,只有孤零零的 1 家。所以来多伦路打卡拍照的基本以中老年群体为主,兼收一部分婚纱摄影,见表 7-4。

表 7-4 营业性文化商家数量　　　　单位:家

	武 康 路	多 伦 路
画　廊	1	2
书　店	3	1
影　院	1	0
古玩收藏	0	36
总　计	5	39

总体来看,多伦路的商业布局比较单一,人群定位偏中老年,消费能力有限,多伦路成为中老年怀旧与拍照摄影之地。经营业态分为两类,一是营业性文化商家数量,二是餐饮零售等商家数量。从盈利性文化商家数量来看,武康路 5 家,多伦路 39 家,两者相差悬殊。对比发现,多伦路上的商家多为古玩收藏,占比超过了惊人的九成,即使算上全部商家数量在内,也占到了多伦路的四分之三。

进一步从餐饮零售等商家总数来看,武康路 57 家,多伦路仅 9 家(见表 7-5)。但考虑到武康路的长度是多伦路的 2.2 倍,所以换算成分布密度比较合理。如果按照每 100 米道路长度的餐饮零售等商家数量统计,武康路的密度为 5.2 家,多伦路的密度为 1.8 家,前者是后者的近 3 倍,见表 7-6。

表 7-5　商业零售店家数量　　　　　单位:家

	武　康　路	多　伦　路
餐　　饮	20	7
美　　业	26	1
其　　他	11	1
总　　计	57	9

注:武康路有 3 处产业园,分别是武康庭、永乐汇和 Wukang Market,聚集了一部分网红店和商家,多伦路则无。

表 7-6　商业零售店家数量密度　　　　单位:家/100 米

武　　康　　路	多　　伦　　路
5.2	1.8

从商家分布密度上来看,武康路的商业发达程度要远超多伦路,尤其是武康路的咖啡店和服饰店占据了绝对数量,与多伦路的古玩收藏店占据绝对数量的布局有天壤之别。因此,武康路消费人群主要是年轻群体,而多伦路消费人群则换成了中老年群体。另外,从消费品属性来看,咖啡、服饰等是刚需和高频次消费品,属日常生活方式,而古玩字画等则是非刚需和低频次消费品,不属日常生活方式,由此注定了武康路能成为今天的网红街区。

四、公共服务

武康路所处区域为内环市中心,交通便利,地铁 7 号线和 10 号线下站后步行 10 分钟即可到达。2010 年街区整体改造后,在北端靠近华山路口的墙面上做了一块很大标识牌,上面标明了武康路的原名和辟筑年代。2021 年武康大楼整修后,在武康大楼对面马路的人行道地面上又做了一组标识,包括周边区域的历史建筑指向,方便游客寻找,因为高颜值的创意设计,引来了众多游客市民聚集于此,拍照打卡。

除了每幢历史建筑外都有标识导览外,目前可对外开放接待参观的历史建筑有三幢,分别是武康路旅游咨询服务中心暨徐汇区老房子艺术中心,巴金故居纪念馆和电影时光书店。

位于武康路上的旅游咨询服务中心,曾是国民党元老李石曾创办的世界社旧址(中法文化交流机构),本身就富有历史感和文化属性。可以认为它是目前上海功能最齐全、服务体验感最佳的旅游咨询服务中心,全年无休。除了提供最基础的咨询服务外,还兼具歇脚、补水、如厕、阅览、参观、展览等诸多功能,原先颇有特色的是每月一次的公益讲座和每天定时的公益讲解活动,深受广大市民的喜爱,这是对历史建筑最好的保护和利用。

武康路 100 弄现有四幢超过百年历史的英式乡村别墅住宅,后经过两年多的修缮改造,现已成为精品连锁酒店"隐居繁华",酒店里的家具五金都是量身定制,尽显低调奢华,彰显了历史与时尚的有机结合,也是历史建筑保护与再利用的典范。

旅游休闲街区除了要保护好遗留下来的历史建筑外,更应该赋予它新的生命和文化属性,包括建立公益性的四馆(博物馆、纪念馆、图书馆、美术馆),还有画廊、书店、文创、影院等各类文化机构。武康路现有巴金故居纪念馆、世界小学校史馆、洁思园画廊,永乐汇里的电影时光书店和多爪鱼循环商店(二手书)两家书店,其中电影时光书店会不定期举办公益讲座。在夏季时,永乐汇还会在园区内放映露天电影。

多伦路所处区域为市中心内环东北角，交通便利，地铁3号线和8号线下站后步行10分钟也可到达。在90年代末的街区整体改造时，在多伦路连接四川北路的两个路口各建了一座大牌坊，其中的一个牌坊旁还树立了一排名人肖像与简介的指示牌，以吸引路人。

除了每幢历史建筑外都有标识导览外，目前可对外开放空间接待参观的历史建筑有3幢，分别是鸿德堂、"老电影"咖啡馆和"左联"纪念馆。除此之外，还有一幢石库门建筑在居民动迁后被改建成了"景云书房"，用以展示鲁迅等文人在景云里的生活和工作场景。公啡咖啡馆和公啡书社是新打造的一个公共文化空间，包括一个临时展厅。

多伦路街区上虽然没有旅游咨询服务中心，但"左联"纪念馆、"景云书房"和"公啡书社"会不定期举办各种公益讲座活动，同样深受广大市民的喜爱，这也是通过历史建筑再利用达到文化传播与传承的目的。多伦路街区上的公益性的四馆（博物馆、纪念馆、图书馆、美术馆）现有多伦美术馆，"左联"纪念馆，景云书房。

从公共服务与配套设施比较来看，由于武康路和多伦路街区都位于内环市中心地段，交通便捷，都有2条地铁线路通达，见表7-7。

表7-7　公共服务与配套设施

	武　康　路	多　伦　路
公 共 交 通	2条地铁线	2条地铁线
标 识 系 统	有	有
咨 询 中 心	有	无
建 筑 可 阅 读	有	有
开 放 空 间	3家	3家

	武　康　路	多　伦　路
公 益 讲 座	不定期	不定期
公 益 讲 解	无	无
公 共 厕 所	2座	1座
酒　　　　店	1家	1家

除每幢历史建筑都有铭牌和二维码的"建筑可阅读"功能外,多伦路街区特辟了一条"鲁迅小道",把与鲁迅工作与生活过的几个相关点有机地串联在了一起,在经过的路面上刻上标识,在每幢建筑上都做了标识牌,便于大家寻找。不久,这条小道又升级到了 2.0 版本,在原来路面标识的基础上增加了一小段文字说明,使不经意路过的行人都能停下脚步瞅上一两眼,在无意中接受了历史和文化的熏陶。除了"鲁迅小道"外,富有特色的建筑与人文标识牌被安装在了各个街角处,便于市民与游客寻找和拍照留念。

武康路能成为网红街,除了商业布局更符合年轻、时尚、潮流特质外,还与武康路旅游咨询中心全时段、多元化服务功能有密切关系。而多伦路则缺少了一个旅游咨询中心,缺少一个能让游客脚步停下来歇脚的地方和多功能文化展示空间。其实,位于多伦路中央黄金位置有一幢体量非常大的历史建筑——中华艺术大学学生宿舍,较适合做旅游咨询中心,但长期被其运营方"长远集团"占用,利用效率极低。

武康路街区现有开放空间的历史建筑 3 家,多伦路街区有 4 家,其中有 2 家是深处在一个弄堂里,开放时间还有限定,所以非组织的个人或是不知晓,或是错过,见表 7-7。"建筑可阅读"只是第一步,二维码利用率也不高,铭牌可能更直观,利用效率更高,接下来要探索"建筑可进入",才能真正使市民和游客近距离感知历史人文,体验时代变迁。

武康路上的精品连锁酒店是由百年历史的花园别墅改建而成,极具特色,虽然只有二十几间客房,但入住率非常高,同时也是商务人士聚会之所。相比而言,多伦路上的商务酒店只是普通的经济型酒店,没有什么特色可言。在其他的公共服务配套设施上,两条街区比较相似。

五、品牌宣传

营销推广主要分为图文传媒、视频传媒、宣传片、节事活动、夜市活动等方面。

武康路街区的传播媒介主要以微信公众号为主,官方账号有"魅力衡复",单体账号有"巴金故居""Film 电影时光书店""永乐汇 322""上海隐居繁华武康路公馆"等,但独立的视频传媒较少,散见于各个微信公众号的推文里。

官方背景的节事活动一般由武康路旅游咨询中心不定期举办,武康路旅游咨询中心同时也是徐汇区老房子艺术中心,有宽敞的空间和条件来举办各类活动。电影时光书店有"星期天读书观影会",夏季有"露天电影",其所在的永乐汇产业园区经常会举办商家品牌宣传推广活动,丰富的活动内容吸引了大批年轻群体前来消费打卡。永乐汇与武康庭俨然成为武康路旅游休闲街区人气最旺的两个集聚区。

多伦路街区的传播媒介主要也以微信公众号为主,官方账号有"景云书房""左联会址纪念馆",单体账号有"上海多伦现代美术馆"等,但独立的视频传媒较少,短视频及直播视频多出现在各个官方微信公众号的推文里。

官方背景的节事活动定期举办的有每年 10 月的"鲁迅文化周"系列活动,至今已举办了六届。左联纪念馆、景云书房、公啡书社等都会不定期举办各种公益讲座活动,内容主要都与文化名人或"左联"运动有关,有关鲁迅的主题占据了很大份额。

传播手段与传播能力已成为今天决胜成功与否的关键因素。宣传媒介从过去传统的平面媒体、电视广播,到图文如微博、微信、公众号,再到新崛起的短视频如抖音、B 站、小红书等,5G 时代的到来使得传播媒介和传播速度发生了根本性的改变。2021 年"五一"节,武康路上"朱丽叶阳台"发生的"蝴蝶结与老奶奶"故事让武康路街区快速火爆出圈。

从比较两条街区现有的传媒手段与数量来看相差不大,政府部门现在都比较重视图文信息的制作与传播,但比较缺乏对视频媒体的运用,而视频媒体更注重出镜人设和场景打造,这些都需要有更专业人士来操作。除此之外,两条街区还缺乏对整体形象的包装与宣传。

武康路旅游咨询中心原先有一项服务是多伦路没有的,就是每天提供定时的公益讲解,中心招募和培训了一批市民志愿者上岗服务,这对宣传武康路街区起到了非常重要的推动作用,见表 7-8。

表 7-8　品牌宣传

	武　康　路	多　伦　路
图文传媒	有	有
视频传媒	无	无
宣传片	无	无
节事活动	不定期	定期

节事活动同样能带来传播效应和消费市场。武康路街区主要以旅游咨询中心和永乐汇产业园区为主,两者刚好位于武康路的一头一尾,旅游咨询中心毗邻网红打卡点武康大楼,而永乐汇产业园区隔壁就是上海话剧艺术中心,每天人群川流不息。武康路街区不定期的节事活动更具娱

乐化和年轻化，而多伦路街区除了每年定期的"鲁迅文化周"以外，还有大量的文化名人的主题活动，但人气显然比武康路要差了不少。

第四节　结论与启示

一、研究结论

通过基于 LACSB 框架的区位影响力、旅游吸引物、经营业态、公共服务、品牌宣传等五方面竞争力比较分析发现，武康路街区由于当时定位于中高端人士居住生活区域，其建筑多为花园洋房住宅和高等级公寓，而多伦路街区由于当时中国一大批文化名人的到来而形成了一个中产阶级圈层，其建筑主要以石库门里弄住宅为主，兼有一小部分花园住宅。

武康路和多伦路都拥有众多的历史保护建筑和丰富的人文故事，从分布的密度上来看不分伯仲，两区政府也非常重视"建筑可阅读"项目的实施，铭牌标识、扫码阅读应有尽有，如果在创意设计和人性化上再下点功夫，可能体验感会更好。同时，要增加四馆数量，鉴于历史建筑体量有限，可以通过置换方式打造一批小型博物馆、纪念馆等，"景云书房"就是一个很好的案例。

从公共服务和品牌宣传比较分析来看，武康路街区略好于多伦路街区，尤其是武康路旅游咨询中心在其中发挥了很大的展示、传播和示范作用。当然，万物互联的时代更要求线上传播与线下体验的有机结合、良性互动，加强视频的制作与传播应成为今后工作的重点。

基于 LACSB 框架对比分析发现，两条旅游休闲街区差距最大的就是商业业态分布，武康路对多伦路呈"碾压"之势。武康路上满街的咖啡酒吧、首店潮店，背靠洋房公寓，梧桐大街，引领了时尚之风，"特色小店联盟"开创了政府创新办公的勇气与效率,武康路能成为网红街也就成为必然的结果。而多伦路街区则显得相对保守守旧,过去的历史可以通过今天更为时尚的语言来表述,更年轻化的方式来传播,多伦路街区可以通过加大创意产业的开发力度,调整商业布局,增加高频次的消费项目来带动人气。

二、启示

(一)通过城市微更新,提升整体形象

在国家提出"人民城市人民建,人民城市为人民"口号的大力倡导下,各级政府积极制定与实施各类便民惠民的实事工程,"城市微更新""建筑可阅读""家门口好去处""15 分钟生活圈"等一系列举措相继出台。

这两年来,武康路街区和多伦路街区所在的政府部门都投入巨资进行修缮改造,由于这两条旅游休闲街区的保护建筑众多,年代久远,加之居住人口密度大,有些老建筑已破败不堪,修缮保护难度大,需要政府部门制定"一房一策",而不仅仅是刷刷墙面,既要"面子"漂亮,也要"里子"整洁,通过对老房子的修缮、改造、提升,真正解决百姓生活中的"急、难、愁"问题,把实事做好。

在对两条旅游休闲街区改造过程中,还要充分考虑到历史文化的展示功能,将老建筑文化与新生活方式有机结合起来,街角、路灯、墙面,甚至一个信报箱都可以成为一件艺术品,物件虽小,但也能赋予它文化属性,成为特定文化的表达方式。

(二)通过业态新布局,提升街区人气

通过对武康路和多伦路两条旅游休闲街区比较分析发现,两者的商业形态、人群定位完全不同。武康路街区走时尚新潮的小资路线,吸引了国内外大批的年轻群体,而多伦路街区走海派经典的复古路线,吸引了一批中老年群体。

两条街区分别代表了两种不同的文化属性，虽然文化属性无好坏优劣之分，但反映在商业布局上则大相径庭。显然，武康路街区无论在商业业态、环境、氛围和消费上更成功，影响力更大，而多伦路街区名气虽响，但"叫好不叫座"，需要重新规划，调整布局，加大创意设计的力度。历史固然是"昨天"的，但不妨碍我们用"今天"的语言来表达，场景再造、场景还原同样能吸引粉丝，拉动消费，不能仅靠摆设几件古董字画来自嗨了。

武康路街区虽然人气很旺，但基本集中在路的两头，也就是武康大楼和永乐汇园区，尤其是武康大楼前人满为患是常态，武康路的中段相对人群较少，因此可以通过商业布局来平衡和分配客流。

（三）通过新媒体传播，打造网红地标

三年"疫情"加快了"在线经济"的发展，网络直播、网络分享成为今天新的风口，5G时代的到来使得视频媒体制作与传播变得更大众化与娱乐化。"线上传播，线下体验"成为文旅融合的重要环节，缺一不可。有人开玩笑说"老年人看电视，中年人看图文，年轻人看视频"，虽然是一句玩笑话，但代表的是一种时代趋势。未来的互联网上信息将主要以视频方式来呈现，因为视频更直观，体验感更强。

因此，政府部门要加大视频制作与传播的力度，不仅要制作活动的直播与回放，还要制作旅游休闲街区整体形象宣传片和各个历史建筑的视频，投放抖音、视频号、小红书、B站等主流视频平台。

除了线上传播外，现场体验也非常重要，前几年武康路旅游咨询中心的每日公益讲解起到了很好的宣传效果，建议保留和坚持，毕竟虚拟世界不能完全代替现实生活。多伦路街区由于客流量比较少，可以考虑增加线下的公益讲解活动来提升一部分人气。

（四）通过政府新政策，扶持特色文化

徐汇区在改造提升武康路街区形象工程过程中，考虑到一些文化类商家由于租金问题很难留在这条旅游休闲街区上,故成立了一个"特色小店联盟",在政府认定为特色文化的基础上,给予商家一定的优惠政策,比如现在武康大楼一层沿街商家就有一些是"特色小店联盟"会员。

多伦路街区当时改造时也引入了十几家私人收藏店家,政府也给予了一定的租金补贴,但由于时效性和租金上涨等原因,这些私人收藏店到今天也基本所剩无几。因此,政府在考虑重新布局商业业态时,如何选择有特色文化的商家给予政策帮扶是非常重要的。

总之,通过微更新、新布局、新媒体、新政策的"四新"实施与落实,讲好"上海故事",传播优秀传统文化,复制推广上海实践经验,实现上海国际大都市的远景目标。

参考文献:

[１]沙永杰,纪雁,钱宗灏.上海武康路——风貌保护道路的历史研究与保护规划探索[M].上海:同济大学出版社,2009.

[２]丛书编委会.海上遗珍:武康路[M].北京:中华书局,2017.

[３]陈保平、陈丹燕.住在武康大楼[M].上海:同济大学出版社,2020.

[４]夏雨.产业转型与城市更新[M].北京:中信出版社,2017.

[５]宋长海.城市休闲街区经营模式的理论与实践[M].上海:上海交通大学出版社,2019.

[６]楼嘉军,毛润泽,马红涛,等.休闲与旅游:行为·功能·产品第四届中国休闲与旅游发展论坛论文集(2019)[M].上海:上海交通大学出版社,2020.

[７]楼嘉军,李丽梅,宋长海,张媛等.长三角城市文化发展竞争力研究[M].上海:上海交通大学出版社,2021.

[８]毛润泽,楼嘉军,陈享尔,张楠楠.长三角 41 个城市休闲化发展研究报告(2022)[M].上海:上海交通大学出版社,2023.